Barbara Buck
Issaka Maïnassara Bano

Brincadeira é coisa séria

Jogos, histórias, memórias indígenas, quilombolas e caiçaras

Betão VidaCrew
ilustrações

1ª edição
2025

CORTEZ EDITORA

© Direitos de publicação
CORTEZ EDITORA
Rua Monte Alegre, 1074 – Perdizes
05014-001 – São Paulo – SP
Tel.: (11) 3864-0111
editorial@cortezeditora.com.br
www.cortezeditora.com.br

Fundador
José Xavier Cortez

Direção Editorial
Miriam Cortez

Preparação
Alessandra Biral

Revisão
Agnaldo Alves
Ana Paula Luccisano

Designer Gráfico
Marcus Binns de Souza Oliveira

Edição de Arte
Mauricio Rindeika Seolin

Dados Internacionais de Catalogação na Publicação (CIP)
(Câmara Brasileira do Livro, SP, Brasil)

Brincadeira é coisa séria : jogos, histórias, memórias indígenas, quilombolas e caiçaras / Barbara Buck, Issaka Maïnassara Bano ; Betão VidaCrew, ilustrações. -- São Paulo : Cortez Editora, 2025.

Bibliografia.
ISBN 978-65-5555-605-6

1. Ancestralidade 2. Brincadeiras 3. Caiçaras - Brasil - Cultura 4. Comunidades indígenas 5. Comunidades quilombolas 6. Crianças e adolescentes - Direitos 7. Direitos fundamentais sociais 8. Educação não formal I. Buck, Barbara. II. Bano, Issaka Maïnassara. III. Betão VidaCrew.

25-294678.2 CDD-371.397

Índices para catálogo sistemático:

1. Atividades lúdicas : Brincadeiras : Educação 371.397

Eliete Marques da Silva - Bibliotecária - CRB-8/9380

Impresso no Brasil – novembro de 2025

Este livro é dedicado a todas as pessoas, crianças e adultos que mantêm viva a chama do brincar.

Agradecimentos

Este livro não teria sido realizado sem a participação de nossos queridos arte-educadores, que brincaram todos os dias com as crianças e os adolescentes: Daniela Dominguez, Celina Rosa, Betão VidaCrew, Geide Rosa, Marcus Binns e Heloísa Amazonas! Aos educadores que estiveram conosco em todos os passeios, acompanhando, zelando e brincando com nossas crianças: Nick Buck, Mônica Neisser e Bethânia Souza Santos (@Betanitas), muitíssimo obrigada pela dedicação!

À Daniela Dominguez, grata pela parceria na coordenação do projeto. Ao Juan Blanco Prada, obrigada pela escuta de sempre. Ao Betão VidaCrew, somos muito gratas por emprestar sua sensibilidade e sua criatividade nas ilustrações. Ao amigo e parceiro Marcus Binns de Souza Oliveira, agradecemos pela dedicação e pelo trabalho sempre impecável como *designer* gráfico, e ao Issaka M. Bano, por ter-nos orientado em todo esse processo de publicação da obra.

À Gisele Silva Santos, Eliane Lucinda da Silva e Lucinéia da Silva Passos, nossa equipe mais querida que zela pela organização dos encontros e pela limpeza do espaço, sem palavras por abraçarem o projeto, apesar dos desafios iniciais!

À Fundação Abrinq, nas pessoas de Patrícia Marcelino e Michelly Antunes, nossos mais sinceros agradecimentos, por terem acreditado neste livro e terem sido parceiras até o fim.

Agradecemos às comunidades tradicionais de Ubatuba (SP), que participaram de todo o projeto conosco e embarcaram nesta viagem pelo brincar, em especial à Marinalva Kerexu e à Billy, da Escola da Aldeia Boa Vista, à Kelly, à *prô* Jaque e à Dona Vera, da escola do Quilombo da Fazenda, e à Isabel e à Dona Rosa, do Quilombo da Caçandoca.

Por que este livro foi feito para elas, não podemos deixar de agradecer às mais de duzentas crianças e suas famílias que, durante os anos de 2024 e 2025, têm brincado conosco diariamente. Somos gratas pela dedicação, pela confiança e pela presença!

Por fim, expressamos nossa imensa gratidão à Secretaria da Cultura, Economia e Indústria Criativa do Estado de São Paulo, por meio da qual obtivemos recursos financeiros para executar este belíssimo projeto.

Barbara Buck

Sumário

Prefácio

É com grande prazer e entusiasmo que ficamos imensamente felizes com os resultados da publicação realizada pela organização Grupo Aberto à Infância e Adolescência – Técnicas Ocupacionais, a partir das boas práticas desenvolvidas no Projeto Sextas do Brincar, financiado pela Fundação Abrinq por meio do Programa Nossas Crianças – Ciclo 2024 a 2025.

O brincar é um direito constitucional da criança, que une parceiros com as mais distintas origens para fazer parte desse espaço brincante. É um caminho de transformação social, devendo estar presente em casa, nos espaços de lazer, como parques, bem como nas escolas e nas creches onde há crianças e adolescentes. Ressaltamos que a criança não precisa de muita coisa para brinçar, pois sua imaginação permite que novas descobertas sejam realizadas. O brincar indica equilíbrio no desenvolvimento infantil, promovendo a forma de expressão mais genuína realizada pelos pequenos.

Ao apresentar as boas práticas do brincar desenvolvidas pelo Projeto Sextas do Brincar, esta obra se revela como um importante instrumento de valorização dessa atividade, em que o compartilhamento de saberes se torna a principal estratégia de fortalecimento das práticas brincantes nos espaços ocupados pelas crianças.

Graças ao trabalho de pesquisa e sistematização do Gaiato, todos poderão ter acesso a este precioso conteúdo, para a compreensão do quanto o brincar é um direito a ser garantido às crianças e que essa atividade é livre, alimentando a realidade sociocultural e ampliando o universo da experiência infantil.

Desejamos uma excelente leitura a todos! E que venham muitas crianças brincantes e adultos brilhantes!

Michelly Antunes
Líder de Programas e Projetos da Fundação Abrinq

Apresentação

Caros leitores e leitoras de todas as idades,

Vocês têm em mãos o resultado de um projeto que durou mais de um ano e teve a colaboração de muitas pessoas de diversas áreas e idades, o mais novo a colaborar aqui tinha seis anos e a mais velha, mais de noventa! Ele foi realizado durante o ano de 2024, em parceria nossa, a Organização da Sociedade Civil (OSC) Gaiato, com a Fundação Abrinq. O projeto foi contemplado pelo edital da Fundação dentro do Eixo Garantia do Direito ao Brincar.

Talvez você esteja se perguntando: por que uma Fundação como a Abrinq criaria um eixo dentro de seu edital apenas para projetos de brincadeiras? Porque eles sabem que Brincadeira é coisa séria! O brincar é parte fundamental da nossa existência como sociedade. É importante mencionar que brincar é um direito garantido pelo art. 16 do Estatuto da Criança e do Adolescente (ECA)[1]. Além de o artigo colocar o brincar como um direito a partir do 7º princípio, é reforçado o direito ao brincar e à diversão, garantindo que as crianças tenham ampla oportunidade para isso.

Cada um de nós aprendeu a virar adultos brincando, a partir de imitações, faz de conta,

---

1 BRASIL. Estatuto da Criança e do Adolescente. Lei n. 8.069, de 13 de julho de 1990. Dispõe sobre o Estatuto da Criança e do Adolescente e dá outras providências. *Diário Oficial da União*, Brasília, DF, 16 jul. 1990. Disponível em: http://www.planalto.gov.br/ccivil_03/leis/l8069.htm. Acesso em: 13 ago. 2025.

ouvindo histórias, jogando jogos cheios de regras... A verdade é que aprendemos a nos autorregular, a relacionar-nos com respeito, a conviver com as diferenças, entre outros fatores, durante essas trocas que acontecem nas brincadeiras desde a primeiríssima infância e que deveriam acontecer até o fim de nossa vida.

Quer jeito mais gostoso de aprender e ensinar do que esse?

Sabendo disso, nós, do Gaiato, que a cada semana recebemos mais de duzentas crianças, percebemos que ultimamente nossas crianças estavam brincando da mesma coisa, meio sem jeito e sem vontade. Havia algo errado nisso, e, quando fomos ver, não eram só elas... nas escolas, nas ruas e nas outras organizações, a sensação dos adultos era a mesma: "Nossas crianças não brincam mais como antigamente".

Bem, de fato, isso não seria um problema, porque as crianças de hoje são diferentes das crianças de antigamente, porém, fomos percebendo que elas estavam passando muito tempo olhando para as telas de seus celulares e que o tempo em que, antes, passavam inventando mundos e fundos por aí, estava sendo desperdiçado assistindo a vídeos e mais vídeos com seus corpos e suas mentes bem quietinhos. Até mesmo quando estavam juntas elas olhavam fixamente para o celular, sem se conectar com quem estava de fato à sua volta no tempo presente.

Foi assim que decidimos que tínhamos de fazer alguma coisa! Primeiro passamos o ano todo de 2023 falando com elas sobre coisas boas e ruins que encontrávamos no celular; para nossa surpresa, elas mesmas identificaram que tinham mais coisas ruins do que boas que aconteciam com elas enquanto ficavam no ambiente digital. Depois, fomos pedindo que fizessem a experiência de se afastarem um pouco das telas... e sabe qual foi o resultado disso? Tédio! As crianças não sabiam o que fazer em seu tempo livre.

Ah, mas de preencher tempo livre o Gaiato entende! Nós temos um grupo de arte-educadores de várias linguagens artísticas diferentes que adoram ensinar o que sabem, e que também sabem que é brincando que se aprende. Então, nós simplesmente "juntamos a fome com a vontade de comer" e escrevemos o Projeto Sextas do Brincar para concorrer no edital da Fundação Abrinq. Os recursos seriam destinados para que as crianças pudessem vir um dia a mais por semana no Gaiato só para brincar, livremente, sem muita mediação dos adultos, e para que visitas às Comunidades Tradicionais de Ubatuba (SP) fossem realizadas. E, como citamos anteriormente, para nossa alegria, fomos contemplados!

A partir daí nossa saga começou. Primeiro, foram os professores que realizaram uma extensa pesquisa para lembrar de algumas brincadeiras que até eles que são adultos brincantes tinham esquecido. Depois, convidamos as famílias a participarem dessa viagem pelas memórias da infância. Só que este não foi um processo fácil. Você sabia que muitas crianças não podem brincar? É uma tristeza, mas é parte da realidade do nosso país. Muitas crianças e adolescentes têm que ajudar suas famílias a ganhar dinheiro ou a cuidar da casa e dos irmãos enquanto seus familiares saem em busca do ganha-pão. Isso está tão errado que, desde os anos 1990, a criança trabalhar é proibido, contudo, não é tão fácil assim a gente conseguir mudar isso.

As famílias precisam de mais proteção, e o Gaiato, por exemplo, é um espaço que promove esse tipo de proteção (esse é um assunto que vamos deixar para outro momento). O que importa para nós relatar nesta obra é que não foi fácil para alguns familiares se (re)conectarem com suas infâncias. Por isso a Fundação Abrinq investe em projetos como esse, porque existe uma Lei que diz que Crianças e Adolescentes têm o DIREITO de BRINCAR.

Depois de vivermos todas essas descobertas com as famílias, nosso projeto chegou à sua próxima etapa: as visitas às Comunidades Tradicionais.

Mas o que é uma Comunidade Tradicional? O Instituto Chico Mendes de Conservação da Biodiversidade (ICMBio), um dos mais importantes do Brasil, explica assim:

> Povos e comunidades tradicionais são grupos culturalmente diferenciados e que se reconhecem como tais, que possuem formas próprias de organização social, que ocupam e usam territórios e recursos naturais como condição para sua reprodução cultural, social, religiosa, ancestral e econômica, utilizando

conhecimentos, inovações e práticas gerados e transmitidos pela tradição.

Em Ubatuba (SP), onde o projeto foi concebido e testado, há três populações que se reconhecem dessa forma: os indígenas, os quilombolas e os caiçaras. É muito raro que mais de uma comunidade tradicional habite a mesma cidade, por isso Ubatuba, além de ser lindíssima, é tão rica culturalmente.

Começamos, então, a realizar as visitas em março de 2024 para as Comunidades Tradicionais. Foram alugadas *vans* para transportar até 35 crianças para esses territórios. Lá, quem nos recebia era um grupo de crianças da comunidade acompanhado de alguns adultos. Apesar da vergonha inicial, como vocês podem imaginar, pouco a pouco as crianças iam se soltando. Para quebrar o gelo, nós, os visitantes, levávamos uma brincadeira para ensinar para as crianças e, a partir daí, tudo ficava mais fácil. Teve corrupio, corda, brincadeiras de roda, banho de rio, banho de mar, mangue, artesanato e muito mais...

Por enquanto, não vamos revelar mais nada, porque senão o restante do livro perde a graça.

Preparem-se para viajar com as crianças do Gaiato pelas brincadeiras e pelos passeios que fizeram parte do último ano delas. Esperamos que gostem!

ÀS EDUCADORAS E AOS EDUCADORES

Este livro não pretende ser apenas um objeto de pesquisa em que o leitor irá encontrar ideias para brincar com as crianças, mas também uma ferramenta disparadora para um novo olhar dos adultos em relação ao brincar.

Antes de continuar, é importante que o leitor esteja familiarizado com os conceitos de "Livre brincar" e "Brincadeiras dirigidas".

Sobre o Livre brincar, é necessário dizer o que ele NÃO É:

• Deixar as crianças sem supervisão de adultos.

• Deixar as crianças fazerem o que elas quiserem.

Frisamos isso porque há muita confusão quando dizemos que deixamos nossas crianças brincarem livremente na nossa Organização. As Sextas do Brincar, no Gaiato, são certamente o momento de maior atenção da equipe. Talvez hoje, após um ano de projeto, essa afirmação já não seja lá tão verdadeira, mas no início as sextas foram bem desafiadoras, até encontrarmos nosso caminho, nossa metodologia, e é isso que vamos contar aqui, em um segundo momento, para vocês.

O "Livre brincar" é, portanto, um momento em que as crianças e os adolescentes estão se relacionando sem a intervenção dos adultos, ou seja, sem que nós, membros da equipe, estejamos propondo nada. Porém, é claro, o próprio espaço que se apresenta para as crianças é uma proposta. Se dermos a eles apenas uma sala para brincarem naquele dia por causa de chuva, por exemplo, as brincadeiras terão um tamanho e uma intensidade, se damos toda a área do Gaiato, salões e jardins, as brincadeiras se tornam automaticamente outras, então sim, de alguma maneira, sempre há alguma *intenção* da nossa parte.

E, para além do espaço, nós também colocamos materiais à disposição dos alunos, criamos o que chamamos de "Estações", e elas variam de acordo com a idade das crianças que estão conosco. Essas "Estações" consistem em espalhar nossos materiais pedagógicos de maneira que criem ambientes diferentes, por exemplo, em uma mesa grande colocamos materiais para pintura como canetinhas, papéis, cola, massinhas, entre outros; em outra, ficam os jogos de mesa, baralhos, tabuleiros, entre outros; em outro espaço ficam os bambolês, objetos circenses para praticar malabares, cordas e elástico; já em outro lugar ficam as bonecas e outros brinquedos para brincar de casinha, lojinha, restaurante, entre outros; no jardim disponibilizamos bolas de vôlei, de futebol e de queimada, além de termos uma biblioteca que fica disponível para os alunos acessarem o tempo todo.

Com o espaço preparado, podemos receber os alunos e deixá-los escolherem onde, como e com quem querem brincar, certo? Errado! Precisamos ainda de um processo muito importante que se revelou, com o tempo, ser o mais relevante dispositivo de mediação de conflitos do Gaiato: a grande roda.

No Gaiato, todas as oficinas começam e terminam com uma roda. Elas servem para darmos as boas-vindas, para nos conectar entre todos, para sacar a temperatura da turma naquele dia, para trocarmos confidências, falarmos da vida e para fazermos combinados. Sim, não se começa uma atividade no Gaiato sem que TODOS se sentem e façam combinados com os quais TODOS estejam de acordo. Parece fácil, mas, para que as crianças levem a sério esses combinados, é preciso que de fato TODOS estejam de acordo e que mantenham esses combinados sem exceção.

Essa não parece uma tecnologia muito inovadora, nem pretendemos que seja, mas o que acabamos fazendo de diferente nas Sextas do Brincar é que, cada vez que há um descumprimento do combinado, todos devem voltar à roda e discutir o que aconteceu e como vamos resolver aquele conflito. Imaginem o seguinte: temos cinquenta crianças brincando, cada uma com seu grupo ou sozinhas, espalhadas pelos espaços e pelas estações. De repente alguém que estava brincando de esconde-esconde descumpre um dos combinados e, no calor da emoção, empurra o colega. Em vez de o adulto ir conversar com aquelas duas crianças envolvidas na questão, o que fazemos é parar tudo, tudo mesmo, paramos todas as brincadeiras e voltamos para a grande roda.

Vocês podem imaginar como era frustrante para os que não estavam envolvidos terem que parar a brincadeira que estava tão legal e vir para a roda. Esse momento era um mar de lamentações, até as educadoras ficavam com pena de parar todo mundo, mas a coordenação foi firme nesse sentido, essa era a nossa estratégia, acreditávamos nela e precisávamos testá-la para termos resultados. E o que pudemos observar depois de alguns meses foi que, para evitar que as brincadeiras tivessem que ser interrompidas, as crianças diminuíram os conflitos e, quando havia, elas não procuravam os adultos e buscavam formas de mediar a situação ali mesmo, entre elas. É certo que nem sempre a mediação acontecia da melhor forma, por isso os adultos estão 100% atentos, e quando necessário ainda voltamos para a grande roda, mas podemos dizer que a violência física e verbal diminuiu consideravelmente durante os jogos e as brincadeiras.

Durante o último ano, nós realmente percebemos uma transformação acontecer. Por isso, achamos fundamental vir contar essa experiência para vocês.

O GAIATO E AS FAMÍLIAS

Um dos maiores desafios que vivenciamos por aqui, e sabemos que não é diferente das escolas, é a ausência de trocas com os familiares. A não ser por questões pontuais como horários e faltas, as famílias não se fazem presentes no dia a dia do Gaiato; sempre há exceções, é claro, mas o vínculo que devemos promover entre as crianças e suas famílias é, para nós, o mais desafiador.

Nesse sentido, desde 2023, vimos buscando novos formatos para as nossas reuniões semestrais com os responsáveis por nossas crianças e adolescentes. Iniciamos esse processo convidando os adultos a participarem de todas as oficinas do Gaiato, criamos um circuito pelo qual, divididos em grupos, passariam 8 minutos em cada oficina. A experiência foi muito interessante, pois dessa forma eles entenderam melhor o que seus filhos aprendem conosco.

Em 2024, a proposta foi outra: na primeira reunião do semestre, após uma palestra curta sobre a importância do brincar, conversamos um pouco sobre suas infâncias, brincadeiras preferidas e, ao final, pusemos os adultos para brincar. A experiência foi um sucesso, mas no segundo semestre decidimos fazer algo mais potente e convidar as crianças para estarem na reunião. Enquanto os educadores organizavam as crianças pelo espaço, a coordenação conversava com os responsáveis sobre avanços, dúvidas e caminhos a traçar até o fim do ano. Ao final do bate-papo, nos encontramos todos na nossa linda lona de circo para uma vivência brincante entre mães/pais/responsáveis e crianças! E essa, certamente, foi a reunião de famílias mais memorável que vivemos, e não temos dúvidas de que esse formato nos interessa muito mais do que qualquer outro.

Acreditamos que os espaços de convivência para crianças e adolescentes devem sempre se preocupar em fortalecer os laços de afeto e comunicação entre crianças e seus adultos responsáveis. Oferecer tempo, espaço e material para promover essa troca é algo fácil e essencial.

O BRINCAR NAS ESCOLAS DE UBATUBA (SP)

Todo e qualquer educador sabe que a brincadeira é importante para o desenvolvimento dos seres humanos, mas na realidade vemos que isso não é levado muito a sério, a insistência por uma educação conteudista deixa pouco tempo para o professor experimentar em sala de aula – até os recreios, de forma geral, vêm tendo sua importância diminuída ao longo dos anos. É ou não é?

As escolas da região de Ubatuba, pelo menos, durante os primeiros meses de retorno após a pandemia, diminuíram o tempo do intervalo para 20 minutos. Considerando que as crianças também devem lanchar nesse horário, o tempo do brincar fica reduzido para 10 minutos mais ou menos. Naquele momento de volta da pandemia, fazia algum sentido essa medida, uma vez que as crianças estavam se alternando nos espaços para evitar grandes aglomerações, mas a realidade é que alguns anos se passaram e nada mudou. O tempo de recreio não voltou a ser como era.

Além disso, chamamos a atenção para o fato de que o momento das brincadeiras não parece ser um momento importante para professores e professoras; a prática de observar o brincar de nossas crianças não é muito comum, e infelizmente se perdem oportunidades de ver como elas se relacionam sem serem gerenciadas pelos adultos, e de mediar trocas importantes e evitar conflitos perfeitamente evitáveis, além de estimularmos a tolerância, o respeito e uma cultura de Paz dentro das escolas.

Finalmente, o ano de 2025 foi marcado pela Lei n. 15.100/2025[2], que proíbe o uso de celulares dentro das escolas, considerado por muitos médicos, educadores, filósofos e pensadores do nosso tempo um dos maiores problemas que nossas crianças e adolescentes vêm enfrentando na última década. Este é, sem dúvida, um grande avanço no sentido de protegermos o desenvolvimento de nossas crianças, mas o que estamos vendo neste início de aplicação da Lei é um total despreparo da comunidade escolar para lidar com adolescentes e crianças entediados. Os relatos que vimos colhendo dão conta de um aumento nos casos de violência dentro das escolas durante os recreios, isso se deve, claramente, à falta de vínculo, afeto, acordos, respeito, propostas, materiais, entre outros. Isso nos faz pensar que nossa metodologia, descrita anteriormente, poderia ajudar muitas escolas a encontrarem um caminho para que os recreios fossem momentos de vivências brincantes.

O Gaiato, ainda em parceria com a Abrinq, está realizando o trabalho de ir às escolas falar sobre este assunto, e levar uma provocação aos professores que esperamos fortemente que este livro ajude a espalhar por aí:

Que importância você, educador ou educadora, propicia para a Garantia do Direito ao Brincar? Qual espaço você tem dado ao brincar nas suas práticas do dia a dia?

Esperamos que este livro o(a) ajude a aumentar este espaço cada vez mais e que você espalhe essa ideia na comunidade em que atua. Se você, como nós, acredita na potência transformadora do brincar, embarque conosco nessa luta por uma mudança cultural profunda dentro dos espaços de convivência de crianças e adolescentes.

---

[2] BRASIL. Lei nº 15.100, de 8 de julho de 2025. Altera a Lei nº 8.069, de 13 de julho de 1990 (Estatuto da Criança e do Adolescente), para incluir medidas de proteção à saúde mental de crianças e adolescentes no ambiente escolar. *Diário Oficial da União*, Brasília, DF, 9 jul. 2025. Disponível em: https://www.planalto.gov.br/ccivil_03/_Ato2023-2026/2025/Lei/L15100.htm. Acesso em: 13 ago. 2025.

Brincadeiras escolhidas pelas crianças do Gaiato

As brincadeiras a seguir foram selecionadas pelas crianças do Gaiato em um processo bastante democrático, que contou com mesários, cédulas, urna e cabine de votação! A equipe colocou na cédula todas as brincadeiras que brincamos e quase duzentas crianças votaram. As mais votadas e interessantes ao grande público estão apresentadas na sequência:

QUEIMADA
abelha-Rainha

QUEIMADA

abelha-Rainha

OBJETIVO

O objetivo da brincadeira é queimar a abelha-rainha do time adversário. Uma abelha é queimada quando atingida pela bola em qualquer parte do corpo e não consegue agarrar a bola. Se agarrar a bola, é a vez dessa abelha atacar a colmeia adversária.

Crianças de todas as idades simplesmente adoram essa brincadeira, que foi a mais votada no Gaiato. É uma brincadeira muito dinâmica, que envolve cooperação, competitividade, coordenação motora e muita disposição.

INÍCIO

O grupo grande se divide em duas equipes, duas colmeias de abelhas.
Cada colmeia escolhe quem será a sua “abelha-rainha”. Define-se também a área do “morto”, que é um espaço atrás de cada colmeia para onde vão as abelhas queimadas do time adversário (como na queimada comum).
Tira-se par ou ímpar para decidir qual colmeia começa com a bola.
A colmeia vencedora começa o jogo lançando a bola com o objetivo de queimar qualquer abelha do time adversário, lembrando que, se a abelha-rainha for queimada, o jogo termina. A colmeia que elimina a abelha-rainha do time adversário ganha.
Cada abelha que for sendo queimada vai para o “morto”, localizado atrás da colmeia adversária.
Ganha a colmeia que permanecer com sua abelha-rainha até o final da brincadeira.

As bolas podem ser enviadas por cima das abelhas adversárias, indo desde a colmeia até seu morto, a fim de fazer as abelhinhas adversárias correrem mais, cansando-se e tendo mais dificuldade em se preparar para o ataque!

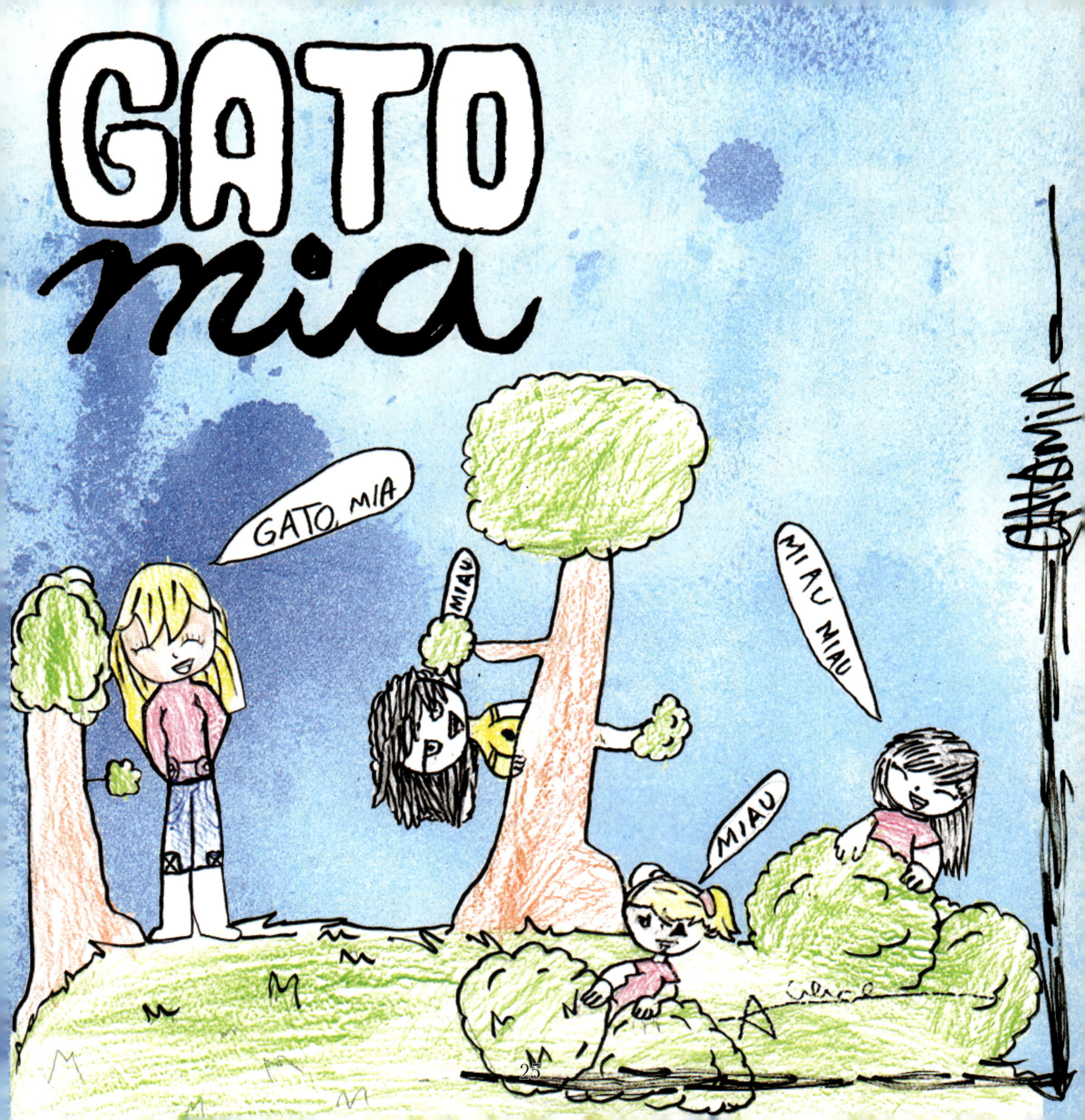
GATO
mia
GATO MIA
MIAU
MIAU MIAU
MIAU

GATO mia

Esta brincadeira precisa de um espaço delimitado e seguro, pois é uma brincadeira que acontece no escuro. Se não for possível escurecer o espaço, pode-se brincar vendando o(a) pegador(a). É importante que não haja muitos móveis ou objetos, para evitar que se tropece durante o deslocamento.
Nessa brincadeira, todos se transformam em gatos que se espalham pelo espaço.

GATO MIA

Uma criança vai ser a pegadora, e será vendada caso o ambiente não esteja totalmente escuro. Ela começa a andar até achar alguém, e quando encosta na criança que virou gato, ela deve dizer: “Gato mia!”, e a criança pega deve miar do seu “jeitinho”. Se a pegadora descobrir quem miou, elas trocam de lugar, e a brincadeira recomeça; senão, ela segue até conseguir adivinhar de quem é o miado.

GATO mia

Essa é uma brincadeira interessante para qualquer idade, faz com que o grupo se fortaleça, pois eles precisam conhecer os nomes, a voz, a altura, as especificidades de cada criança, além de trabalhar a confiança o tempo todo.

Cidade dorme...
QUEM É
CIDADE DORME
QUEM É ?
CIDADE DORME
CIDADE ACORDE
CIDADE DORME
QUEM É ?
CIDADE ACORDE
QUEM É
QUEM É ?
CIDADE DORME
CIDADE DORME

Cidade dorme

Há muitas variações desse jogo, mas no Gaiato brincamos com as crianças sentadas em roda, e a escolha dos personagens quem faz é o narrador, mas também se pode fazer sorteio com papeizinhos. Os personagens a serem inseridos são: D = Detetive, AN = Anjo, A = Assassino, V = Vítimas ou C = Cidadãos. Não há limite de participantes: quanto mais, melhor!

Há um narrador, que é quem comanda o jogo. Sempre que ele disser: "Cidade, dorme!", todos devem fechar os olhos, sem exceção.

Nesta primeira rodada, o narrador define os personagens dizendo: "Vou escolher o Assassino", e encosta na cabeça de alguém, depois repete a mesma coisa com a escolha do Detetive e do Anjo.

Todos seguem de olhos fechados.

Com os personagens definidos, o jogo começa.

Ao comando do narrador: "Assassino, acorde e faça sua vítima", apenas a pessoa que foi escolhida para ser assassina abre os olhos e aponta quem quer matar.

O narrador pede para o Assassino voltar a dormir (fechar os olhos) e continua comandando. Agora é a vez de o Anjo acordar, e ele tem a função de salvar uma vida. Ele pode salvar a si mesmo ou qualquer outra pessoa do jogo. Então, com o comando: “Anjo, quem você salva?”, ele aponta para a pessoa que quer salvar, em seguida o Anjo dorme e o narrador pede que o Detetive acorde. Sua função é descobrir quem é o Assassino. Para isso, ele aponta para a pessoa de quem desconfia e o narrador, com o polegar para cima ou para baixo, indica se a pessoa é do “bem” ou do “mal”.

Terminada a primeira rodada, o narrador diz: “Cidade, acorda!”, e todos os participantes devem abrir os olhos. Nesse momento, o narrador revela o que aconteceu na noite anterior enquanto todos “dormiam” e há dois desfechos possíveis: uma morte ou nenhuma morte. Nesse segundo caso, ou o Anjo salvou a pessoa que seria assassinada, ou o Assassino apontou para o Detetive que, pela regra, nunca morre durante a noite. Se houve vítima, o narrador indica quem foi, e esta pessoa deixa o jogo.

Cidade dorme...

Na sequência, entra a segunda dinâmica do jogo, que é uma votação de toda a roda: um de cada vez, deve votar em quem suspeita que seja o Assassino. Durante essa rodada, é necessário deixar sempre que a pessoa mais votada como possível assassina tenha direito à defesa. Essa parte é sempre muito divertida e faz a gente conhecer melhor os nossos colegas, um tentando convencer o outro de que é isso ou aquilo.

Uma vez que haja algum consenso sobre quem é o Assassino suspeito, o narrador dá a ele a voz para que se defenda e abre mais uma vez a votação. Se ainda assim as crianças votarem nessa pessoa e ela de fato for a assassina, o jogo acaba e o "bem" vence, mas se houver um equívoco na votação e uma pessoa errada for acusada, essa pessoa imediatamente sai do jogo e o narrador fala em seguida: "Cidade, dorme!", para que tenha início mais uma rodada emocionante. A cada noite o Assassino mata mais uma vítima, e o Anjo e o Detetive realizam seu trabalho. Ao final de cada rodada há mais vítimas ou não e o Detetive vai sendo cada vez mais importante no jogo, porque vai descobrindo quem é quem.

Observação: Caso haja mais de dez jogadores, pode-se ter mais de um Assassino e ambos acordam juntos, e fazem duas vítimas por noite. Apenas eles sabem quem é do "mal"... Boa sorte!

PIQUE
SPRAY!

Pique spray!

Essa é uma releitura da brincadeira "Pique-bandeira"; demos o nome de "Pique *spray*" porque quem trouxe a brincadeira para o Gaiato foi o professor de grafite e, portanto, no lugar da bandeirinha, ele usava latas de *spray*. Neste sentido, use o que tiver na escola ou em casa, qualquer objeto serve!

Para essa brincadeira é necessária uma área ampla: pode ser na rua, em uma quadra, entre outras. Dividam-se em dois times com a mesma quantidade de jogadores, se possível.

Marcam-se três linhas no chão, uma dividindo o meio do espaço, ficando uma equipe para cada lado, e ao fundo de cada lado, mais uma linha onde ficará este objeto desejado.

O objetivo é que um jogador consiga atravessar o campo adversário, pegar o objeto e levar de volta para o seu campo.

A brincadeira fica divertida porque, quando um jogador entra em campo adversário, ele pode ser pego (apenas com toque) por qualquer um da equipe naquele campo – e nesse momento o intruso fica paralisado no campo adversário até que alguém do seu time consiga entrar e tocar nele para liberá-lo.

Lembram-se daquela linha no fundo do campo onde ficam os objetos? Nessa área os intrusos ficam intocáveis. Se mais de um conseguir entrar pelo campo adversário sem ser tocado, eles podem se juntar e montar estratégias para saírem de lá com o objeto na mão sem que se saiba, por exemplo, com quem ele está.

PIQUE SPRAY!

Essa é daquelas brincadeiras clássicas que muitas pessoas já brincaram e têm em seu repertório de infância. Misturar gerações durante essa atividade pode ser muito legal. Que tal jogar na rua de sua casa ou na quadra de seu prédio, e engajar crianças e adultos?

RELOGINHO

RELOGINHO

Para dar início a esta brincadeira, precisamos de uma corda, não precisa ser muito grande, e de um grupo de crianças empolgadas para brincar. Iniciamos com uma criança no centro de uma roda (roda feita por outras crianças), segurando a corda na mão. Ela começa a girar no sentido horário, podendo trocar para sentido anti-horário e pegar seus amigos de surpresa.

À medida que a corda vai girando, as crianças precisam pular sem pisar nela; quem pisa sai da brincadeira.

RELOGINHO

Essa atividade é dinâmica, e as crianças menores adoram. Elas desenvolvem senso de espaço e tempo, agilidade, trabalham a coordenação motora, a lateralidade, de forma lúdica e muito divertida. A dica é deixar que elas se organizem, trocando a criança que fica no centro da roda.

JOGO DOS
BICHOS

JOGO DOS BICHOS

Os participantes sentam-se em roda. Uma pessoa comanda o jogo e pede que cada participante, um de cada vez, fale em voz alta um bicho. Todos devem escutar com atenção e memorizar os bichos que cada um falou. Os bichos não podem se repetir na brincadeira.

"Jogo do Bicho!!"

Quando todos tiverem escolhido seus bichos, quem está comandando a brincadeira escolhe dois participantes, falando o nome deles em voz alta. Nessa hora, eles rapidamente têm que se lembrar do nome do bicho escolhido pelo colega e dizer em voz alta. Quem falar o nome do bicho do outro primeiro continua no jogo.

JOGO DOS BICHOS

Assim o jogo segue, até que sobre apenas um participante.

Esta brincadeira é bastante indicada para dias chuvosos ou ambientes limitados. O tempo passa e ninguém percebe. Esse jogo trabalha muito com a memória e atenção dos jogadores, e é mais desafiador do que parece.

"JOGO DO BICHO!!"

BATATINHA FRITA 1,2,3

BATATINHA FRITA 1,2,3

Esta brincadeira precisa ser feita em um espaço amplo.

Os participantes do jogo posicionam-se em linha, um ao lado do outro, em uma das extremidades da sala. No outro extremo do espaço, uma pessoa fica de costas para os demais e de olhos fechados. Essa criança vai comandar o jogo naquela rodada. O jogo começa quando ela vira de costas e grita: "Batatinha frita... 1, 2, 3!" Nesse momento, as crianças começam a caminhar/correr/se movimentar em direção ao outro lado da sala onde está o colega comandando.

Batatinha frita 1, 2, 3

Quando a criança termina de falar “Batatinha frita 1, 2, 3!”, ela se vira de frente; imediatamente as crianças que estavam indo em sua direção têm que ficar completamente paradas, como se fossem estátuas.

Quem está no comando observa se as outras pessoas estão realmente paradas. Se alguém se mexer, tem de voltar para o extremo da sala no lugar onde tudo começou. Essa dinâmica vai se repetindo até que uma das crianças que está avançando toque nas costas da que está de costas comandando. Quem conseguir encostar troca de lugar com a criança que estava comandando e assume sua função, enquanto a outra se une ao grupo na extremidade oposta, para recomeçar a brincadeira. Essa é uma brincadeira muito querida das crianças menores, de até oito anos, mas serve para todas as idades. Nela, trabalham-se a atenção, a concentração e a coordenação motora.

MÁQUINA
DE LAVAR ROUPA

MÁQUINA DE LAVAR ROUPA

Esta brincadeira acontece em roda e em movimento.
Todas as crianças ficam em pé, de mãos dadas, formando um grande círculo.
Uma das crianças fica de fora da roda, e ela será a pegadora. Outra criança, que está fazendo parte da roda, terá um tecido/lenço nas costas. Pode ser inclusive preso por dentro da calça ou da bermuda, como se fosse um "rabo".

O objetivo da brincadeira é impedir que o pegador pegue o tecido. As crianças que estão formando a roda devem ajudar seu companheiro com o tecido na roupa a ficar o máximo de tempo com ele. Como fazem isso? Girando, sem soltar as mãos, de um lado para outro, protegendo as costas daquela criança que está com o tecido do pegador.

MÁQUINA DE LAVAR ROUPA

Essa brincadeira estimula a cooperação, o trabalho em equipe, a agilidade e a estratégia, além de ser muito divertida.

CABEÇA, JOELHO, PÉ E PEGA →

CABEÇA, JOELHO, PÉ E PEGA

Inicialmente, as crianças devem ser divididas em duas fileiras, com o mesmo número de participantes em cada, de maneira que fiquem uma de frente para a outra. Coloque os objetos (copos plásticos, chinelos, panos ou quaisquer objetos que tenham às mãos) enfileirados, no meio de cada uma das duplas, de modo que elas consigam alcançar.

"Cabeça, joelho, pé e pega

Quem vai liderar a brincadeira vai dizendo comandos para as crianças, de forma que, cada vez que falar: “Cabeça”, “Joelho” ou “Pé”, as crianças devem colocar as mãos no lugar que foi dito. Depois de fazer isso algumas vezes desafiando as crianças, lance o comando “Pega!”, e elas devem pegar o objeto do chão o mais rápido possível, antes da pessoa que está à sua frente.

CABEÇA, JOELHO, PÉ E PEGA →

Quem pegar primeiro o objeto é o vencedor daquela dupla, quem perde sai e a brincadeira segue até que haja apenas um grande vencedor. Nessa brincadeira trabalham-se muitas habilidades, como a atenção, a espera, a ansiedade, a competitividade e, certamente, as habilidades motoras.

BRINCAR DE MASSINHA

BRINCAR DE MASSINHA

Brincar com massinha é sempre uma experiência gostosa. Trabalhar a criatividade, fazer formas, letras, pequenas estruturas, personagens, dragões, enfim, não há limites para essa brincadeira. Além de trabalhar a criatividade, esta é uma atividade importante para estimular a coordenação motora fina, a delicadeza e a força dos dedos e, para além disso, pode-se pensar em primeiro desenhar o projeto e depois realizá-lo em massinha, fazendo com que a ideia se concretize, o que sempre traz uma sensação gratificante.

A seguir, apresentamos algumas receitas de tipos diferentes de massinha. Fazer a própria massinha também deixa a experiência mais divertida ainda!

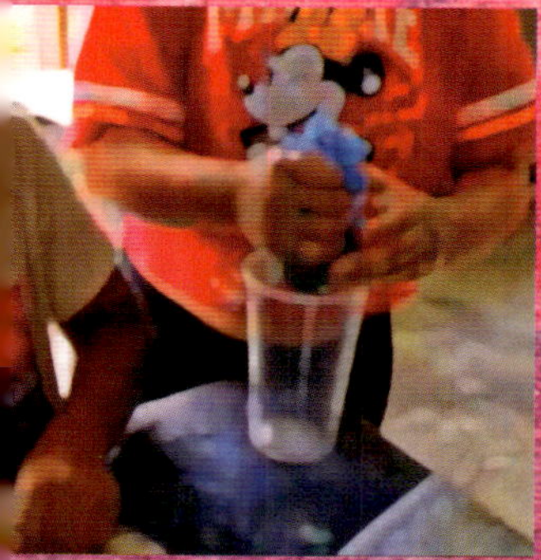

MASSINHA DE PAPEL-MACHÊ

Use papel higiênico bem picado, umedecido em água até dissolver, sem ficar muito mole. Amasse bem até ficar homogêneo. Adicione aos poucos a cola branca, até virar uma massinha modelável que não esfarela. Dê a forma que quiser e espere secar. Podem-se fazer articulações com pequenos arames entre as peças.

MASSA DE CAIXA DE OVO COM COLA DE POLVILHO

Ferva meio litro de água com cinco colheres de polvilho azedo, mexendo sem parar. Deixe esfriar. Pique bem a caixa de ovo e umedeça, até esfarelar. Retire com a ajuda de um tecido o excesso de água e misture a cola de polvilho aos poucos, até formar uma massa modelável. Crie formas e deixe secar. Depois é só pintar com tinta guache.

BRINCAR DE MASSINHA

Massinha caseira com farinha de trigo (comestível para os pequenos)

- 4 xícaras (chá) de farinha de trigo
- 1 xícara (chá) de sal
- 1½ xícara (chá) de água
- 1 colher (sopa) de óleo (soja, girassol ou outro óleo comestível)
- Corante comestível de cores variadas*

Misture todos os ingredientes apresentados nessa ordem. O corante deve ser o último ingrediente a ser adicionado, e pode-se usar a cor que preferir.

*Exemplos de corantes naturais: Amarelo = cúrcuma; Vermelho = morango, pimentão; Roxo = beterraba; Verde = espinafre, salsinha, chá-mate; Laranja = cenoura. Para alguns deles, você deverá cozinhar o alimento e bater no liquidificador. Na internet, há várias receitas disponíveis. O importante é se divertir!

cajón

cajón

Esta brincadeira surgiu a partir de uma pesquisa feita pelas crianças do Gaiato com suas famílias, perguntando sobre as brincadeiras de infância dos mais velhos. Uma delas levou à brincadeira das “Sete Pedras”. Nela, sete pedras eram empilhadas, e com uma certa distância as crianças brincavam de arremessar uma pedra para derrubar a maior quantidade de pedras empilhadas. Dessa brincadeira de arremessos surgiu o *Cajón*.

CAJON

Pegue uma caixa de papelão média, corte-a diagonalmente com três ou quatro furos (veja imagens). As crianças ficam a uma distância determinada e arremessam saquinhos de pano preenchidos com areia (veja imagens). No Gaiato, tivemos a oportunidade de fazer o *Cajón* nas oficinas de Artes Visuais e os saquinhos de areia durante as aulas de costura. Mas os participantes podem arremessar pedras, bolas ou qualquer coisa que tiverem na mão e com um certo peso.

cajón

A brincadeira pode ser simplesmente acertar os buracos para testar a destreza de cada um ou podemos deixar a brincadeira mais divertida, trabalhando, por exemplo, contas matemáticas. Define-se o valor de cada furo (ex. 5, -3, 7 e 2) e um resultado a que se deve chegar (ex. 4). Começa o jogo, as crianças devem acertar no buraco 7 e no buraco -3, ou no 5, no 2 e no -3.

Pode-se também brincar com palavras em vez de números, testando o conteúdo que estiver sendo trabalhado em aulas de português. Podem ser imagens, para as crianças não alfabetizadas – utilizem a imaginação e divirtam-se.

Brincadeiras escolhidas pelos arte-educadores do Gaiato

Nas páginas seguintes, estão explicadas as brincadeiras selecionadas pelos arte-educadores do Gaiato. O critério de seleção podia ser tanto a brincadeira com a qual eles acharam que as crianças mais se desenvolveram quanto a que eles acharam a mais divertida. Após cada uma das brincadeiras, temos uma explicação do porquê da escolha:

DANÇA
DAS
CADEIRAS
INVERTIDAS

Dança das Cadeiras Invertidas

(Escolha da Professora Daniela Dominguez)

A brincadeira é em grupo. É preciso ter no mínimo cinco crianças/adolescentes para poder brincar, não há número máximo. Lembrando que é necessário ter um número de cadeiras compatível com o número de participantes da brincadeira, menos uma (por exemplo, dez participantes, nove cadeiras).

Inicia-se fazendo um círculo com as cadeiras, ao redor das quais os participantes vão correr ao som de uma música de fundo e quando ela parar, todos têm de se sentar, igual à famosa dança das cadeiras que todos conhecem.

Só que a dança das cadeiras invertidas tem um porém; ela não funciona da mesma forma que a brincadeira tradicional: as cadeiras vão saindo uma de cada vez

Dança das cadeiras invertidas

quando a música para, mas as crianças ou adolescentes permanecem no local. O objetivo da brincadeira é fazer com que todos consigam se sentar.

Dessa forma, eles trabalham juntos elaborando estratégias para que ninguém fique de fora, levantando uns aos outros enquanto as cadeiras vão diminuindo cada vez mais. Todos têm que cooperar. O objetivo da atividade não é ter um ganhador, mas desenvolver a melhor tática do grupo para que todos possam ficar sentados em uma única cadeira.

Essa atividade desenvolve o toque, o respeito, o afeto, o carinho, a empatia. Os jovens pensam, observam, conversam, e com isso os laços de amizade se formam e se fortalecem, criando memórias e boas gargalhadas.

Entrevistador: Por que você escolheu essa brincadeira?

Dani: Escolhi a dança das cadeiras invertidas para trabalhar uma brincadeira clássica, mas desconstruída. Em brincadeiras mais antigas, sempre tem um vencedor, um único participante que é aplaudido e consagrado ganhador.

Por que não ganhar em grupo, construir estratégias em equipe para que ninguém fique de fora mesmo quando as cadeiras vão diminuindo, explorar o tato, o afeto, o toque, a empatia, o respeito, pensar rápido? "Eu posso carregar alguém?" "Eu posso carregar duas pessoas?" "Venham, que eu consigo." Essas frases me parecem superapropriadas para trabalhar o grupo, além de a brincadeira ser divertida, simples e dinâmica. Foi apresentada e teve o maior sucesso, os jovens começaram a pedir para brincar sempre. Eu me lembro muito bem de ter brincado da forma tradicional e da frustração de perder sempre. Aprendi com essa frustração, mas, na sociedade em que vivemos, me pareceu muito mais pertinente e oportuno trabalhar em grupo.

¡Awelé!
Awelé

Awelé

Awelé

(Escolha do professor Marcus Binns)

É preciso um tabuleiro original ou improvisado (caixa de ovos, bambolês ou círculos no chão).

O tabuleiro consiste em duas linhas paralelas, uma de cada terreno, com seis buracos (círculos) e quatro sementes (feijão) em cada uma. As sementes se movimentam sempre em sentido anti-horário.

Inicialmente, dois agricultores (jogadores) posicionam-se, um de frente para o outro. Cada um em seu terreno, eles tiram par ou ímpar para ver quem começa.

O ganhador escolhe um buraco de seu terreno para retirar as sementes e semear nas outras covas. Em cada jogada, é necessário esvaziar os buracos, distribuindo as sementes neles em sentido anti-horário, uma em cada buraco, e obrigatoriamente se planta pelo menos uma semente no território vizinho. Ou seja, é preciso que haja sementes suficientes para ir colocando nas casinhas, até que chegue pelo menos à primeira casa do vizinho.

Cada vez que a última semente da mão, em cada jogada, cair em uma casinha com apenas uma ou duas sementes, este jogador deverá pegar todas as sementes (máximo de três sementes por jogada) e guardar fora do tabuleiro.

O jogo termina quando não for mais possível colocar sementes no terreno do vizinho. Ganha quem tiver conseguido recolher mais sementes! Esse jogo é muito interessante, é sobre partilha, estratégia e abundância.

Entrevistador: Por que você escolheu essa brincadeira?

Binns: Escolhi esse jogo porque, quando o conheci, achei bem interessante por ser colaborativo, que premia aquele que planta no terreno do vizinho. É um jogo bacana, pois está relacionado com a ideia do plantio, de semear, estimula o raciocínio lógico e incentiva o pensamento estratégico. Além disso, algo que me parece muito importante destacar é que é um jogo que chegou a mim por meio de um pesquisador de jogos, e esse jogo especificamente vem da tradição africana, em que havia esse entendimento da agricultura familiar coletiva, na qual se plantam alimentos diferentes em terrenos diferentes. Todos se ajudam e compartilham.

DETETIVE

DETETIVE

Detetive
(Escolha da professora Heloísa Amazonas)

A brincadeira é feita com todos em círculo.
O adulto prepara papeizinhos de acordo com a quantidade de crianças na brincadeira. Deve haver um Detetive (D) e um Assassino (A), os demais são todos Vítimas (V). As letras são colocadas nos papeizinhos que serão distribuídos por sorteio. Se a sala não for letrada, escolhem-se símbolos de comum acordo.
Quando recebem os papéis, as crianças devem olhar seu personagem, sem mostrar para ninguém, e permanecer em silêncio.

Detetive

O objetivo do assassino é "matar" todas as vítimas da brincadeira, e o do detetive é encontrar o assassino. Mas isso tudo é feito silenciosamente, apenas com o olhar!

Então, todos devem se olhar o tempo inteiro durante todo o jogo.

A arma do assassino é a piscada de um olho só. Sempre que ele piscar para alguém, e essa pessoa for vítima, ela grita em voz alta: "Morri!" e sai do jogo.

Se o detetive perceber quem é o assassino, ele aponta e diz em voz alta: "Preso em nome da Lei!", e se ele acertar, o jogo acaba. O detetive não pode ser morto pelo assassino; então, se o assassino pisca para o detetive, pensando que ele é uma vítima, o detetive acusa-o e o jogo termina.

DETETIVE

Entrevistador: Por que você escolheu essa brincadeira?

Helô: Detetive é uma brincadeira que joguei muito quando criança. Ficava empolgada com a surpresa de quem seria quando tirava o papelzinho. Quando era o detetive ou o assassino, eu dava o meu melhor para ser discreta e conseguir alcançar o objetivo. Fora isso, era uma brincadeira que tirava muitas risadas da gente. Foi por esse motivo que decidi ensinar para as crianças do Gaiato, principalmente pela memória afetiva que me trazia. Também enxergo hoje em dia, como educadora, como uma brincadeira que estimula a atenção e a observação: brincamos só com o olhar. Por ser uma brincadeira com rodadas rápidas, conseguimos jogar muitas vezes, sempre sorteando os papeizinhos. Isso também instiga as crianças o tempo todo a saberem quem serão da próxima vez. Das experiências que tive jogando com elas, não é uma brincadeira que gera atrito ou competição. As crianças entendem muito bem que os personagens são escolhidos por sorteio e que não há o que fazer para alterar isso. Também a mudança contínua de personagens faz com que as próprias crianças respeitem a dinâmica do jogo, estando sempre preparadas para o que virá.

Depois que apresentei essa brincadeira para as crianças, elas me pediam sempre para jogar e ensinaram para outras crianças também. Isso me deixou ainda mais feliz, fazendo-me reviver esses momentos da minha infância também.

PONTE DE VIDRO

Ponte de Vidro

(Escolha da professora Celina Rosa)

Com um giz, desenham-se no chão três linhas paralelas e fazem-se divisões na horizontal, formando quadrados de um tamanho que seja possível para a criança entrar dentro deles. Ou seja, será formada uma "ponte" com dois quadrados de largura e no mínimo dez quadrados de comprimento (quanto mais crianças houver para brincar, mais comprida será a ponte).

Uma pessoa, o adulto ou uma criança, é escolhida para determinar quais os quadrados bons de pisar e quais os de vidro que se "quebram". Para isso, faz-se o mesmo desenho feito no chão em uma folha e cria-se o caminho, escolhendo em cada fila o quadrado da direita ou da esquerda até o final da "ponte" marcando um xis. Esse caminho não será conhecido por ninguém mais, é segredo.

"PONTE DE VIDRO"

As demais crianças formam duas equipes em duas fileiras e, uma de cada vez, alternando as filas, vai tentando atravessar a "ponte" sem quebrar o vidro. A ideia é que a criança escolha entre os quadrados à medida que avança. Quem tem o caminho vai dizendo: *"ok"* ou "quebrou" para a criança que está avançando, ela tem 50% de chances de acertar em cada passo que avança. Cada vez que acerta ela pode seguir, quando erra deve voltar para o fim da fila.

As demais crianças de ambas as filas têm de observar e aprender o caminho, pois o objetivo é que todos os participantes da equipe consigam atravessar a ponte, a partir das descobertas dos colegas que já passaram pela ponte.

A equipe que conseguir atravessar a ponte primeiro, com todas as crianças, vence.

Crianças e adolescentes gostam dessa brincadeira. Ela trabalha a capacidade de memória, a atenção e a cooperação. É uma ótima atividade para dias mais chuvosos, quando as crianças têm que ficar em espaços fechados.

PONTE DE VIDRO

Entrevistador: Por que você escolheu essa brincadeira?

Celina: Escolhi essa brincadeira porque achei muito divertida. Até hoje brinco com os meus amigos! É legal ter de memorizar os quadrados, e sempre damos risada quando alguém erra bem no final da ponte. Quando levei essa brincadeira para as crianças do Gaiato, elas também ficaram superempolgadas e até criaram estratégias para decorar os quadrados certos.

água-pong

'água-pong'

Água-Pong

(Escolha do professor Betão VidaCrew)

Esta brincadeira pode ser feita individualmente ou em grupo.
O pong refere-se ao pingue-pongue, porque se joga em uma mesa na qual os adversários ficam de lados opostos. A raquete é substituída pelas mãos, e de cada lado são colocados seis copos ou potes (cheios de água), dispostos em formato triangular (3, 2 e 1) e uma bolinha de pingue-pongue.
Lembre-se de que você também pode explorar a sua criatividade e brincar com elementos maiores, como baldes e bolas maiores, criando uma linha no chão.

Água-Pong

Tira-se par ou ímpar para ver quem começa. Em seguida, o jogador que começar tem de arremessar a bolinha dentro do copo no campo adversário, se ele errar é a vez do outro, e vice-versa. Quando um deles acertar a bola dentro do copo, este é retirado da mesa, e assim segue o jogo até que um dos campos fique sem nenhum copo.

Esse jogo é muito interessante, pois se pode fazer com que seja mais pedagógico pondo, em vez da água, papéis com perguntas nos copos. Deve-se combinar que só se retira o copo se o grupo ou a pessoa responder à questão corretamente. Pode-se também brincar de colocar nos papéis tarefas engraçadas para que a pessoa tenha de fazer, como imitar um personagem ou uma mímica, enfim, há muitas possibilidades! Por isso, convidamos que cada pessoa dê asas à imaginação!

'água-pong'

Entrevistador: Por que você escolheu essa brincadeira?

Betão: Escolhi essa brincadeira por ser dinâmica e versátil, já que pode ser jogada por pessoas de qualquer idade e com vários participantes. Além de ser uma brincadeira que lembra muito o basquete, trabalha a coordenação motora e usa o raciocínio para acertar os alvos.

corrida
DE
BAMBOLÊS

Corrida de Bambolês

Corrida de Bambolês

(Escolha da professora Geide Rosa)

A brincadeira tem início com duas fileiras de crianças, todas de mãos dadas, uma ao lado da outra, com o mesmo número de crianças em cada fileira. Cada fila recebe um bambolê, que fica com a criança da ponta.

O desafio é conseguir fazer o bambolê chegar à outra ponta da fileira sem ninguém soltar as mãos, passando o bambolê pelos corpos das crianças, de baixo para cima. A fileira que atravessar o bambolê até a outra ponta primeiro é a vencedora.

Corrida de Bambolês

Entrevistador: Por que você escolheu essa brincadeira?

Geide: Escolhi essa brincadeira porque, quando a apresentei para as crianças, eu me surpreendi com a reação delas. Fiquei muito surpresa pelo fato de algo tão simples ter proporcionado tanta empolgação e engajamento. Espero que mais crianças tenham a oportunidade de experimentar isso!

Entrevistas com os arte-educadores

Seguem trechos das entrevistas com os Arte-Educadores do Gaiato. Cada um deles realiza uma oficina diferente, e, desde a implementação das Sextas do Brincar, ao final de cada oficina, com duração média de 2 horas, deixavam-se 30 minutos ao menos para as brincadeiras. Às sextas-feiras, as crianças apareciam, alternadamente, em grupos de até quarenta integrantes, apenas para o livre brincar durante 2h30.

DANIELA DOMINGUEZ, ARTE-EDUCADORA DE CIRCO E COORDENADORA PEDAGÓGICA DO SCFV (Serviço de Convivência e Fortalecimento de Vínculos)

Entrevistador: Como foi o processo de articulação das brincadeiras com as crianças, com os educadores e com as famílias?

Dani: Com as crianças, foi um processo até fácil, pois criança brinca, né? Acho que é muito natural para elas, é só você falar: "Vamos brincar!", independentemente dos objetos que tenham por perto ou não, elas vão criar uma brincadeira, elas vão brincar, né? Com os educadores, também não teve nenhuma resistência, foi uma coisa bem fluida. Apenas houve um processo de organização de como iríamos fazer isso durante o horário das oficinas. Agora, com as famílias, tivemos resistência. Por exemplo, a gente enviava pelas crianças algumas "tarefinhas", por exemplo, de perguntar para as famílias do que elas brincavam quando eram crianças. Foi uma pesquisa no começo, para que pudessem trazer de casa algumas brincadeiras, e aí vimos em muitas respostas de adultos falando para as crianças: "Mas eu não brinquei quando era criança, eu tive que trabalhar". Então a gente começou a usar outra abordagem, porque algumas crianças trouxeram assim para a gente: "Ah, minha mãe chorou quando eu perguntei se ela brincava quando era criança". É algo que dói, sabe, de não poder ter brincado quando era criança, né? Então fizemos um encontro no Gaiato, em que preparamos várias brincadeiras. Na reunião de familiares e responsáveis, a gente criou um circuito em que eles tinham de brincar juntos, e foi supergostoso, divertido. Outra tarefa que pedimos para as crianças foi que elas propusessem brincadeiras em casa e depois contassem para gente se brincaram e como foi. Algumas famílias, sim, mandaram para a gente: "Ah, eu brinquei hoje, a gente fez um restaurante, dedicamos quinze minutos para brincar"; "Hoje saímos para brincar na rua, fizemos um piquenique, levamos bola". A gente teve esse retorno assim também, mas bem poucas famílias.

Muitas famílias demonstravam certa resistência no começo: "Pô, mas não tenho tempo, como que eu vou fazer isso?" E aí a gente ia conversando, tentando sensibilizar também a família de que brincar é um direito da criança e que ela está nessa sociedade em que tudo é tela, a criança fica meio que de lado; de trazer esse momento, que seja um momento de qualidade. "Não precisa ser muito tempo!", a gente falava. "Se você dedicar quinze minutos, dez minutos de qualidade, se você doar a presença, vai ser gratificante tanto para você quanto para criança." E aí começamos a ter uns *feedbacks* bem legais. Vídeo de pais brincando de bola na rua, as famílias fazendo piquenique, falando: "Nossa, gente, em um sábado à tarde, em vez de ficar assistindo algum filme, a gente foi a uma praça e fizemos um piquenique". Falei: "É isso aí, gente! É isso que a gente quer". Já outras famílias falaram: "Oh, sinto muito, mas eu não consigo... Mas estou dedicando um tempinho aqui... Não tenho registro, mas a gente leu uma história, a gente criou uma". "Ah, eu estive cozinhando e coloquei ela também aqui do lado para fazer umas coisas. Chamei meus filhos para me ajudarem." Algumas famílias conseguiram ir para esse lugar. O importante é que não foi nenhuma exigência para as famílias fazerem isso. Foi um convite com o intuito de elas entenderam de fato que brincar não é só um direito... é bom, é gostoso para todo mundo.

Entrevistador: Como coordenadora pedagógica, como você vê o brincar na educação? Somado a isso, qual é a importância, de modo geral, do brincar para a socialização e a educação da criança?

Dani: [...] A ideia agora é que a gente possa espalhar essa sensibilização do brincar em todo o município. Mas ter feito aqui na região de Ubatuba, trabalhado com quase 210 crianças, foi um privilégio de ter esse espaço de acolhimento, que é o Gaiato. Porque a gente sabe... quando falamos em espaço de acolhimento, falamos que essas crianças são privilegiadas. Porque está difícil encontrar espaços que acolham as crianças. Por tudo, assim, porque é isso, a criança precisa brincar, precisa extravasar, precisa correr, precisa se movimentar. A criança é movimento. E ela só consegue fazer isso com brincadeiras... então vai aprender a socializar, porque, por meio das brincadeiras, querendo ou não, vai ter alguma regra que vai ter de respeitar, né? Ela vai ter de respeitar o colega que está falando ali ao mesmo tempo, né? Senão a brincadeira não faz sentido, né? Acabou.

Então é muito importante para gente aqui dentro da organização, de um modo geral, que a gente abra esses espaços de acolhimento para as crianças, onde elas possam brincar e os adultos tenham uma visão de que, quanto menos intervenções fizer, é melhor para a criança, porque ela mesma vai aprender a se desenvolver e a lidar com conflitos que vão surgindo. De acordo com a faixa etária de cada uma, a gente vai ter de fazer algumas intervenções em determinados momentos, mas serão mínimas e vamos comprovar isso com nossas atividades no Gaiato.

Sendo o brincar uma coisa natural para a criança, ela vai saber se organizar... elas vão se organizar, a gente comprova isso. Nós criamos os espaços para as crianças poderem brincar. A gente vai criando assim, de modo geral, os espaços. Em um a gente vai deixar papéis e lápis, e lá, no outro lado, a gente vai deixar blocos, bancos, pedaços de tubo de PVC, tecidos etc. E, de repente, estão montando uma casinha. A gente não precisa falar: "Ah, aqui vocês vão brincar de Lego®, e aqui vocês vão fazer isso". Isso é extremamente importante para o desenvolvimento da criança. E para elas se encontrarem também, para se reconhecerem. "Não, olha aqui, eu sou boa nisso, eu vou fazer isso"; "Ah, não, vou organizar essa parte aqui porque eu organizo bem."

Foi uma coisa muito interessante, sabe, que elas pegavam os bancos de madeira que a gente tem no Gaiato e vinham em três, quatro, duas de um lado, duas de outro, e levavam os bancos para criar as barraquinhas delas. E a gente não falava nada... só olhava para ver se o banco não ia cair no pezinho de alguém. E se elas conseguiriam, né? Então é isso!!!! É a força que a criança tem, principalmente quando não há nenhum adulto falando para elas: "Não, cuidado aí, desce dali, você vai cair, vai se machucar". Não; ao contrário, incentivamos e damos a orientação necessária e certa. A gente pode falar: "Vai com cuidado ali, mas vocês estão indo bem, pode levar, sim... pode buscar mais um, mas sempre vão olhando". A gente vai dando a orientação certa.

ENTREVISTA COM GEIDE ROSA, ARTE-EDUCADORA DE CUSTOMIZAÇÃO E SEXTAS DO BRINCAR

Entrevistador: Você pode se apresentar e dizer qual é seu papel no projeto?

Geide: Meu nome é Geide de Paula Oliveira e trabalho no Gaiato como arte-educadora. Também fiquei responsável pelo Projeto Sextas do Brincar. É o dia em que as crianças não fazem nenhuma oficina, elas apenas vêm para brincar. E aí a gente sugeria algumas brincadeiras e elas também traziam algumas brincadeiras de casa. Isso fez com que se afastassem um pouco do celular. Deixassem um pouco o celular e se socializassem mais. Foi maravilhoso o projeto!

Entrevistador: Como as famílias e as comunidades locais contribuíram com a elaboração das brincadeiras? Você pode dar um exemplo?

Geide: Nas reuniões de família, que acontecem no Gaiato, os pais sempre vinham e agradeciam muito a gente, porque ensinamos as crianças a brincar. Depois da pandemia, praticamente, algumas crianças perderam o interesse por brincar por conta do excessivo uso de celular. As crianças estavam na escola e mexendo no celular o tempo todo. Então, no Gaiato, acabou acontecendo um momento de ficar sem celular. A gente tira o celular e elas só brincam mesmo.

Entrevistador: Como vocês conciliaram a necessidade de diversão com o aprendizado durante as brincadeiras?

Geide: Pelo menos na sexta-feira do brincar, como era tudo muito livre, às vezes acaba tendo algum atrito, pois criança sendo criança... acontece isso também. Nesse momento, a gente parava todas as brincadeiras, mesmo as crianças que não estavam dentro daquele atrito, e voltava para a roda de conversa. Porque, antes de elas estarem livres para brincar, a gente faz uma roda de conversa e faz os combinados, né? Aquilo que pode, aquilo que não pode, desrespeito, brigas, violência. E aí, quando acontece de alguma criança não cumprir aquele combinado, a gente precisa parar todas as brincadeiras e voltar para a roda de conversa para falar sobre o que aconteceu. E aí, por conta disso, elas acabam não querendo parar as brincadeiras, diminuindo bastante os atritos. A questão da violência, do desrespeito, por mais estressadas que elas chegam, porque chegam direto da escola, bem pilhadas, estressadas, cansadas, elas mesmas falam... Aí a gente dá uma relaxada na roda de conversa, pergunta, às vezes, uma delas traz algum assunto, muitas vezes, assuntos da escola, revoltadas com alguma coisa da escola. Então, a gente acaba tendo a roda de conversa e depois estão livres. Mas, se acontecer algum desrespeito durante as brincadeiras, a gente volta para a roda de conversa quantas vezes forem necessárias.

ENTREVISTA COM CELINA ROSA, ARTE-EDUCADORA DE MÚSICA E CUSTOMIZAÇÃO DE ROUPAS

Entrevistador: Gostaria que você se apresentasse e falasse sobre seu trabalho no projeto.

Celina: Meu nome é Celina Rosa, tenho vinte anos e no Gaiato sou arte-educadora de música. Contribuo no projeto com as brincadeiras, com as crianças, brincando e trazendo-as para os pequenos.

Entrevistador: Quais foram as principais mudanças que você observou nas crianças após participarem das brincadeiras?

Celina: Percebi que muitas crianças chegam muito cansadas da escola. Quando a gente entra no Gaiato, às 14h30, elas vêm direto da escola e chegam muito cansadas... Porém, como sabem que depois das oficinas a gente vai brincar, elas conseguem respeitar a oficina. Antes do projeto, a gente não conseguia dar continuidade em uma música, na customização, na atividade, e agora elas conseguem respeitar o tempo certo de brincar, e acho que essa é a maior conquista... elas sabem certinho o horário que têm de brincar.

ENTREVISTA COM HELOÍSA AMAZONAS, ARTE-EDUCADORA DE CORPO E MOVIMENTO/CAPOEIRA

Entrevistador: Gostaria que você se apresentasse e falasse sobre seu trabalho no Gaiato.

Heloísa: Meu nome é Heloísa Amazonas, sou arte-educadora do Gaiato e ministro a oficina de corpo e movimento.

Entrevistador: Como você acha que as brincadeiras podem contribuir para a socialização e a educação das crianças? Você consegue dar um exemplo prático a partir das atividades realizadas?

Heloísa: Acho que as brincadeiras têm uma função muito importante, que é trabalhar a questão da coletividade, da socialização e do respeito, né? Acho que essa coisa de fazer os acordos dentro das brincadeiras, de você poder antes combinar com as crianças como vai ser e que elas sigam isso... acho que dá para elas uma noção de respeito e até de empatia muito grande. Fora a questão da ludicidade, do próprio desenvolvimento corporal, tudo isso contribui muito. As crianças brincando desafiam-se muito, corporalmente inclusive. Como exemplo, eu me lembro do começo do projeto, as brincadeiras que elas gostavam mais de brincar era a queimada, principalmente. E aí me lembro de que, no começo, pelo que observava, era bem mais conflituoso... depois de algum tempo, sem precisar de interferência de um adulto quando tinha conflito na brincadeira, elas mesmas se resolviam... assim: "Ah, então, *tá* tudo certo! Vamos, desculpa, desculpa", davam as mãos e continuavam a brincadeira. Sinto que eram dinâmicas, que a gente tinha que interferir mais no começo e depois, com o tempo, elas foram naturalmente fazendo dessa forma.

Entrevistador: Como vocês conciliam a necessidade de diversão com o aprendizado durante as brincadeiras?

Heloísa: Sinto que a gente tentou apresentar novas brincadeiras... acho que isso tem a ver um pouco com o fato de as crianças realmente se abrirem para novos aprendizados... Só que elas sempre pediam para brincar das mesmas coisas, normalmente queimada, né? E aí a gente tentou dar uma equilibrada... principalmente no começo. Eu fazia um pouco isso com elas, de falar: "E então, eu vou apresentar uma brincadeira, a gente brinca um pouco e depois vocês brincam de queimada"; ou "um dia é uma coisa e outro dia é outra". Sinto que na queimada, por mais que tenha essa parte do aprendizado que falei antes, é uma coisa com a qual elas estão muito acostumadas, em sua zona de conforto. Às vezes, sentia que, para elas terem outras perspectivas e desafios, precisavam ter outras brincadeiras. Mas, na aula em si, era sempre isso... a gente dava as atividades no começo e o combinado era de que, no final da oficina, a gente fazia brincadeiras. E aí tinha dias em que as brincadeiras eram mais direcionadas e em outros eram mais livres.

Entrevistador: Então você acha que deu resultado?

Heloísa: Elas já entendiam que a última meia hora era de brincadeira. Ao mesmo tempo, às vezes, elas participavam da aula pensando na brincadeira no final. E também comecei a perceber que elas achavam que se divertir era só a brincadeira, né? Às vezes, não viam a aula como um momento de brincar, ainda que dessem risada. Acho que as crianças têm poucos momentos de, realmente, liberdade assim. Às vezes, tenho a impressão de que qualquer coisa direcionada lhes remete a esse estresse... da escola, das regras, do ter de fazer. Então sinto que essa coisa de, às vezes, deixá-las ficarem brincando do que quiserem, sem direcionar tanto, para mim, começou a fazer sentido, porque acho que é um dos únicos momentos que elas tinham na semana de liberdade, de querer. Aí, se for sempre queimada, vai ser sempre queimada, porque elas têm isso, de qualquer coisa que você direcione, acho que elas vão para um lugar. Remete a isso, das regras, da escola.

Entrevistador: Houve alguma brincadeira que surpreendeu as crianças de forma positiva? Em caso afirmativo, quando e onde isso aconteceu?

Heloísa: [...] Na verdade, as crianças de seis a oito anos não pediam tanto queimada. É engraçado falar isso... elas estavam mais abertas ao que a gente ia trazer. Talvez sejam ainda menos condicionadas assim, sabe? A gente conseguia fazer a votação, porque cada uma sugeria uma coisa; elas não estavam tão nessa da queimada. A queimada era mais as crianças de nove a onze anos. As maiores, não, realmente... agora que eu estou pensando. Elas estavam mais abertas. E todas elas gostaram muito de Detetive, tanto as menorzinhas quanto as maiores. Até hoje elas pedem: "Ah, vamos brincar de Detetive!" Acho que essa foi uma brincadeira que surpreendeu!

BETÃO VIDACREW, ARTE-EDUCADOR DE GRAFITE E ILUSTRADOR DO LIVRO

Entrevistador: Vou pedir que você se apresente e fale sobre seu trabalho no projeto.

Betão: Meu nome é Carlos Alberto da Silva, tenho 44 anos, sou conhecido como Betão VidaCrew, por causa do grafite.

Entrevistador: Como você acha que as brincadeiras podem contribuir para a socialização e a educação das crianças? Consegue dar um exemplo a partir de uma atividade que vocês fizeram?

Betão: [...] Essa questão das atividades com crianças, principalmente em escola ou em partes periféricas, é brincadeira que envolve usar a criatividade, né? Você não precisa ter uma bola, um jogo feito na indústria, você pode criar. Eu criava muitos jogos com eles com papelão, com bolinha do desodorante *roll-on*, porque dentro da embalagem tem uma bolinha dentro... então, você consegue destacá-la e fazer a brincadeira. Dá até para jogar pingue-pongue, sabia?

Entrevistador: Quais foram as principais mudanças observadas nas crianças após as brincadeiras?

Betão: A verdadeira mudança que percebi foi essa questão de compartilhamento. A questão de saber perder, de saber ganhar. E o mais importante, em toda brincadeira, não é vencer, e sim se divertir. Então, não importa se você vai ganhar ou perder; o mais importante é você participar, aprender... e se puder ajudar um amigo, você ajuda. É como um exemplo que eu sempre dou para eles: antes de rir de uma pessoa que cai, você a levanta primeiro, depois ri com ela, que é uma forma que a brincadeira ensina muito isso. Essa mudança que eu percebi neles, esse companheirismo... e muitos deles de aprender no Gaiato e depois levar para casa e brincar com os irmãos, com os amigos na rua. Eles aprendem que a brincadeira é sem preconceito, que não existem cores, nem homem ou mulher. E que menina também pode jogar futebol. E que uma criança pode jogar com um adulto, assim como um adulto pode jogar com uma criança também, desde que um respeite o outro, seus espaços e seus limites.

Entrevistador: Eu queria que você falasse um pouco sobre como está sendo o processo criativo da ilustração. São brincadeiras e serão inseridas no livro. Como está sendo o processo criativo de pensar esses desenhos? Parece que alguns desenhos foram feitos pelas próprias crianças, correto? Você poderia falar um pouco sobre isso, de ter os desenhos das crianças sendo ilustrados por você? E como está sendo esse processo criativo?

Betão: É muito legal isso, né? Na verdade, eu que aprendi muito com eles. E nessa parte de processo criativo estou tentando pegar bem os olhares deles mesmo.

Foi um trabalho que vim desenvolvendo com eles o ano inteiro, com todos os alunos, um total de 96 crianças e adolescentes. Vim fazendo um trabalho sobre as brincadeiras com eles: algumas vezes, tinha algumas pessoas brincando, e outras estavam como se fossem jurados, mas não para julgar, e sim para desenhar a cena que estava acontecendo.

Peguei o que ensinei dentro da aula e tento levar para dentro do livro, ilustrando o olhar deles. Então, se tem uma criança que é daltônica, que inverte as cores, estou colocando o desenho pensando nelas também, para que outras pessoas vejam alguma figura que tem cor diferente, que é interessante também; mas, para uma criança daltônica, ela vai enxergar o que realmente vê também. E isso é bem importante, e era o que eu falava com eles. Estou tentando o máximo possível deixar minha parte de artista de lado e focar bastante no desenho deles, para fazer as ilustrações do livro. Uma ilustração criada em cima dos desenhos deles e, ao mesmo tempo, usando o desenho deles também. Estou utilizando as minhas técnicas, a minha experiência, o meu jeito de desenhar, sem retirar todos os traços, a configuração de como eles criaram o desenho mesmo. Ao mesmo tempo, estou ilustrando, pensando na questão da brincadeira, porque a pintura para mim, na minha infância (hoje eu vivo de forma profissional), mas minha vida toda foi como se fosse uma brincadeira. Tanto que eu brincava com eles pintando, a gente brincava jogando tinta nas telas. Estou usando toda essa teoria para poder ilustrar um livro que mostra um pouco do meu ser, do que eu penso durante o que estava ensinando, mas, ao mesmo tempo, também mostrando tudo o que aprendi com eles, as formas de pensar, um jeito de distorcer as coisas. É um modo de deixar o conteúdo bem infantil e, ao mesmo tempo, adulto também. E mostrando que a brincadeira é essencial não só para criança, mas para todo mundo.

Tenho 44 anos e nunca deixei de brincar, nem pretendo deixar tão cedo... Mas, para os meus alunos que vêm de algumas partes periféricas, muitos pais não tiveram essa chance de brincar, porque, nessa época, os pais deles eram obrigados a trabalhar para sustentar a casa e ajudar seus pais. E meus alunos têm a oportunidade de ter o Gaiato, de receber um lanche e poder brincar. Então, é muito legal isso, porque hoje em dia eles acabam mostrando aos pais como se brinca. Dessa forma, eu trouxe um desenho também, porque muitos desenhos vieram deles feitos em casa, pensando com os pais, né, distorcendo algumas coisas.

PROFESSOR MARCUS BINNS, ARTE-EDUCADOR DE ARTES VISUAIS, NO SEXTAS DO BRINCAR DOS PEQUENOS E *DESIGNER* GRÁFICO DO LIVRO

Entrevistador: Gostaria que você se apresentasse e falasse sobre seu trabalho neste livro.

Binns: Sou o Marcus Binns de Souza Oliveira, conhecido como Binns (sobrenome e também o codinome). Sou *designer*, cenógrafo, artista visual e também músico. Entro nesse trabalho como arte-educador e pesquisador por meio do Gaiato, onde leciono há três anos. E participei desse projeto principalmente brincando com as crianças, pesquisando com elas as brincadeiras e fazendo essa parte da diagramação do livro.

Entrevistador: Para você, qual é importância dessas brincadeiras para a socialização e a educação das crianças? Pode dar algum exemplo?

Binns: É extremamente importante resgatar essas brincadeiras, principalmente porque nessa era digital, em que cada criança está com seu celular na mão e tantos jogos eletrônicos e redes sociais prendendo totalmente a atenção dessas crianças, e até dos adultos, resgatar essas brincadeiras é fundamental para o desenvolvimento físico, motor e para relações, né? Um grande exemplo disso foi o que a gente viveu no Gaiato nesse tempo. Onde a gente pôde, enfim, pesquisar e ir atrás das brincadeiras. Então é uma coisa que a gente pôde aproveitar muito no ano passado, e não quero largar nunca na vida. Ter essas brincadeiras sempre perto e desenvolvê-las, brincando bastante, pesquisando novas brincadeiras. Isso nunca acaba.

Entrevistador: Quais foram as mudanças observadas nas crianças depois de elas terem participado das brincadeiras?

Binns: Para mim, que na minha infância não tinha celulares e o recurso eram essas brincadeiras mesmo... algo que vi nas crianças é como se fizesse parte mesmo geneticamente. Está no sangue essa questão do brincar, é quase um pavio aceso. Para a multiplicação mesmo de possibilidades. Um grande exemplo são as queimadas, a quantidade de queimadas que se inventam, a diversidade de pega-pegas diferentes. Cada hora eles vinham com uma ideia diferente para fazer a queimada, o pega-pega diferente, e não tem limite...Acho que essa foi a grande transformação deles, sabe? De querer brincar, nem dar atenção para o celular nessas horas. Eles querem mais é brincar mesmo. É diminuir um pouco, porque, querendo ou não, o celular nos deixa cada vez mais dependentes desses aparelhos. E aí diminui um pouco o "vício", e brincar é muito mais gostoso para o corpo, né? Energética e quimicamente, essa atividade desenvolve a sociabilidade, a criatividade, as relações entre as pessoas. A minha turma pesquisou o jogo *Cajón*, que é um jogo de arremessos e também matemático. Então, a gente colocava números negativos e positivos. Isso estimulava o raciocínio. Por exemplo, você jogava uma pedra, dava um número, e você tinha de juntar tantos arremessos para atingir certo número. Então, isso foi interessante, porque desenvolveu as habilidades motoras, do arremesso, mas também a questão da matemática. E uma coisa muito interessante desse jogo em específico é que juntou muitas crianças de várias turmas, que normalmente não se falavam muito, não faziam parte da mesma roda, do mesmo ciclo. E estavam reunidas para brincar nesse jogo. Isso é uma coisa muito legal das brincadeiras, conecta mesmo as crianças, mesmo se não são muito próximas. Colocar uma brincadeira ali vai juntar crianças de tudo quanto é lado para brincar.

Entrevistador: Queria que falasse um pouco do processo da criação das brincadeiras, porque você e o Betão estão trabalhando

na ilustração e no *designer* do livro. Como vocês enxergam isso? Por que é importantes essas ilustrações estarem dentro da obra? As ilustrações que as crianças também fizeram tiveram uma participação na criação?

Binns: Nossa ideia é usar algumas fotos estilizadas para mostrar como são as brincadeiras. Os desenhos das próprias crianças ou nossos, inspirados nos desenhos delas, para que esteja representado mesmo o trabalho delas, não só nosso trabalho, mas para que as crianças estejam (e como estiveram) envolvidas em todo o processo das brincadeiras, da pesquisa e da catalogação dessas brincadeiras, para que elas estejam também presentes nessa questão das ilustrações, dos desenhos e das fotografias estilizadas.

Vivências brincantes pelos territórios comunitários de Ubatuba

Quilombo da Fazenda

HISTÓRIA DO QUILOMBO DA FAZENDA

A comunidade do Quilombo da Fazenda, da casa da Farinha, está situada na costa norte de Ubatuba e reconhecida pela Fundação Palmares em 2005, sendo composta por aproximadamente duzentos remanescentes quilombolas e com mais de duzentos anos de história, luta e resistência

A região de Ubatuba era ocupada principalmente pelos Tupinambá, povo de espírito guerreiro e alguns costumes que deixaram os colonizadores aterrorizados. Em 1549, chegaram ao lugar os sacerdotes jesuítas José de Anchieta (1534-1597) e Manuel da Nóbrega (1517-1570). Por intermédio deles, em 14 de setembro de 1563, foi firmado o tratado "Paz de Iperoig", ou "Armistício de Iperoig", entre os indígenas Tamoio e os europeus. No entanto, pouco tempo depois, a Coroa Portuguesa quebrou o acordo, enviando Estácio de Sá (1520-1567), que posteriormente se tornou o primeiro governador-geral do Rio de Janeiro, para enfrentar os indígenas com soldados e armas, destruindo as aldeias da região. Em seguida, implantaram-se atividades agrícolas, com mão de obra de negros escravizados. Com isso foram criadas as fazendas em Ubatuba.

Durante o período do ouro, a região tornou-se um importante centro de distribuição de riquezas minerais, já que os minerais eram escoados pela Estrada do Ouro, ou Estrada Real, que acabava em Parati (RJ). Em 1787, com o fechamento do Porto de Ubatuba, iniciou-se a decadência econômica da região. O cultivo do café se expandiu pelo Vale do Paraíba e muitas fazendas entraram em falência. A proprietária da fazenda Picinguaba faleceu em 1884 e, em seu testamento. declarou o desejo de que seus escravos fossem libertos e pudessem habitar em certas áreas da fazenda. Em 1855, o governo passou a obrigar os proprietários a registrarem suas propriedades.

O conceito de quilombo esteve associado ao período da Colônia e do Império do Brasil. Com a Abolição da Escravatura (1888), os quilombos deixaram de ser mencionados, como se o fim de quatro séculos de escravidão significasse a garantia de liberdade. No entanto, os quilombolas continuaram e continuam a lutar para reproduzir seus modos de criar, fazer e viver, resistindo a dificuldades, injustiças e preconcepções legadas pelo período escravocrata. São narrativas do Brasil vistas pelo prisma de quem, com suas tradições, formas de vida, religiosidades e respeito a terra, enriquece o mosaico da sociodiversidade brasileira.

ENTREVISTA

Vera Lúcia Jorge Braga nasceu em 1965, no Quilombo da Fazenda, litoral norte paulista. Além de cozinheira e lavradora, é professora na Escola Diferenciada do Quilombo da Fazenda. Um pouco parecida com a vivência da dona Rosa, Vera relata como era a vida no quilombo: viviam de mutirões, do plantio e da caça. As relações eram bastante orgânicas entre as famílias, que realizavam encontros em festas, como de São Pedro e de São João, e outras comemorações relacionadas às manifestações culturais dos quilombos. Vera observa, também, que as brincadeiras eram muito mais presentes na infância dela, herança que ela busca transmitir aos(às) alunos(as) em sala de aula. Na infância, foi obrigada a interromper os estudos, retornando já adulta na modalidade Educação de Jovens e Adultos (EJA). Posteriormente, graduou-se em Sociologia e foi aprovada em um concurso para atuar como professora no Quilombo da Fazenda. A entrevista foi realizada em 4 de abril de 2025.

Entrevistador: Queria que você falasse um pouco sobre sua infância. Quais são suas lembranças mais antigas do Quilombo da Fazenda? Como era sua convivência com sua família e com as demais pessoas?

Vera: Nós tínhamos nossas brincadeiras, as nossas festas de São Pedro e de São João, que durante uma semana todo mundo festejava... não só nós aqui, do Quilombo, mas também dos bairros ao redor. Do Quilombo do Campinho, de Parati, do Ubatumirim. Tinha encontros entre os quilombos durante as festas. Por ser dificultoso o acesso, essas pessoas já ficavam durante a semana toda aqui. Tinha muita fartura. Tinha muito porco, muita galinha, muito peru e todo mundo trazia um pouco de cada lugar. Então, era festa de verdade!

Das brincadeiras, eu me lembro de que o campo de futebol não existia. Foram os meus avós e os meus pais que fizeram o campo de futebol e a bola das crianças. O campo de futebol fica aqui atrás. E não tinha bola para as crianças nem para os adultos brincarem. Então era adulto e criança, todo mundo no campo, correndo atrás de uma bola de folha de banana. Faziam assim: pegavam a folha de bananeira, faziam uma bola, do tipo de uma bola de capotão, e isso era a brincadeira deles.

E era brincar de esconde-esconde, de pega-pega. A brincadeira que mais chamava atenção, que era dos adultos e das crianças, era uma competição durante o domingo. Todo domingo, depois das rezas, as pessoas se reuniam e reuniam as crianças... porque os adultos ficavam conversando e as crianças ficavam observando o que os adultos faziam para poder também fazer junto. Tinha a vez das crianças e a vez dos adultos. Então eles faziam competição no jogo de malha. Naquela época, a malha era feita de pedra. É uma pedra que tem no rio, bem chatinha. Essa pedra é o jogo da malha, que tinha uma competição com dois times, cada um de um lado. Aquele que acertasse a malha mais próxima do centro do círculo ganhava a competição.

Entrevistador: Em sua casa, você se lembra de quando começou a brincar? Quais eram as brincadeiras que fazia com seus irmãos?

Vera: Ah, com meus irmãos e com todos da comunidade com quem a gente se reunia. Tanto meninos quanto meninas, todo mundo brincava de casinha. Construía as casinhas de madeirinha, cobria com folha de banana e cercava em volta com folha de banana. Então, fazia as panelinhas e cozinhava... fazia um *matinho*, colocava as folhinhas de mato falando que era comida. E a minha primeira boneca foi feita daquelas camisas de saco. A gente pegava a camisa do nosso pai, fazia uma cabecinha, a nossa mãe fazia para a gente, enfiava um sabugo nela, e aquela era a nossa boneca. A gente tinha o maior carinho por aquela boneca. Ou fazia boneca de pano também.

Entrevistador: E, hoje, qual sua opinião sobre as brincadeiras na comunidade?

Vera: Tento passar isso também para meus alunos na sala de aula, porque eu estava comentando com eles que, quando era criança, não só eu como também todas as crianças da comunidade éramos muito curiosas. Então, você ficava observando, todo o tempo, o que os adultos faziam, porque queria adquirir aquilo que eles faziam, aquele aprendizado. E hoje em dia tem muito desinteresse por isso, pelo aprendizado dos mais velhos. Eu falei para eles que, primeiro, a gente morava com doze famílias em um casarão, como um centro de quilombo mesmo... era tudo no mesmo lugar. Não tinha separação de casa. Só depois que cada um teve seu espaço, seu pedaço de moradia. Quando a gente se reunia, nossos pais iam fazer farinha, e era o dia inteiro fazendo farinha... era farinha para doze famílias. Então, imagina, quase virava um dia para o outro. E as crianças, elas se sentavam em volta do forno e ficavam ouvindo as histórias dos adultos. Ouvindo as histórias, observando o que os adultos estavam fazendo. E, também, não ficávamos só vendo, não... a gente colocava a mão na massa. Enquanto o pai retirava o tapetinho da prensa, a gente quebrava as massas, o torrão, aquele pelote que sai do tapetinho. A gente ficava ali, mesmo sem força, amassava tudo, depois pegava, passava tudo na peneira. Então, é uma cerca, sabe, uma fileira de crianças, todo mundo ajudando, porque a gente tinha de fazer a massa na mão para poder ficar mais fácil de passar na peneira. E depois eles pediam para caldear. Com isso, eu aprendi muita coisa. Foi observando os adultos fazendo...

Hoje em dia, tem muito desinteresse. Eu estava falando com meus alunos que, no meu tempo, os adultos não precisavam chamar as crianças. Se via uma fumaça, a gente já corria, sabendo que eles estavam fazendo farinha e precisavam de ajuda. E as crianças de hoje em dia, como falei para elas, precisam fazer muito isso para poderem aprender. Porque, daqui a algum tempo, não tem mais as pessoas antigas, as pessoas mais velhas, para passar isso para elas. Aí uma menina até falou para mim: “Professora, quando estiver fazendo farinha, você me chama?” E a outra já falou assim: “Olha, hoje eu brinquei de casinha com um *cozinhadinho* de areia”. É assim que tem de ser. Isso incentiva, porque, às vezes, por ser criança, o pai coloca o celular na mão para ela não atrapalhar, mas eles mal sabem que, em cada criança, pode estar o futuro do nosso amanhã. Sim, por isso então tem de passar para elas... assim, não é só o celular. Tem de passar nossa experiência, nossa vivência.

Eu tenho uma história de vida em que falo que sou vitoriosa. Sinto orgulho de ter conquistado tudo o que conquistei até agora, porque sempre tive o sonho de estudar. Quando tinha sete anos, eu ia passar para o primeiro ano, teve uma fazenda lá no Mato Grosso, aonde a gente foi, porque de primeiro a gente vivia assim: a gente sabe que você estava no serviço ali, plantava ali, ia para outra fazenda... plantava lá, ia para outra fazenda... a gente sempre ficava assim e voltava para cá, mas sempre viajava para poder ter nosso alimento também, nós trabalhando pelas fazendas. Aí meu pai foi para o Mato Grosso trabalhar em uma fazenda de arroz. Eu voltei de lá aos treze anos. E não sabia nada. Mal sabia escrever meu nome. Mas sempre falei: "Eu ainda vou conseguir". E morava na roça, não tinha condições de ir para a cidade. Meus pais não tinham condições de nada. Não tinha escola também. Não tinha naquela época... quando voltei, já tinham fechado a escola, depois reabriram. Arrumei um serviço na cidade com a professora e voltei a estudar. Aos dezenove anos, me casei, fiquei sem estudar, depois voltei, com quatro filhos. Eu trabalhava na cidade. Na Dimona, que não sei se alguém já conhecia, na Primo Lotérico, trabalhei 25 anos. Aí estudei e me formei com muita dificuldade. Com quatro filhos, chegava em casa a uma hora da manhã, voltava às seis horas para o serviço, no centro. Hoje estou aqui, formada, guerreira, sou cozinheira, sou professora, sou lavradora e tenho muito orgulho de ter adquirido dos meus ancestrais tudo o que eu sei agora. Conheço madeira no mato. Tem o tempo certo de cortar madeira, a lua certa de cortar madeira, o dia certo das plantações, o dia certo de colher... tudo eu adquiri dos meus pais e dos mais velhos.

Entrevistador: Como educadora, professora, socióloga, mulher quilombola, qual é a importância da educação e das brincadeiras para a socialização e a educação das crianças, principalmente as que vivem aqui, no Quilombo?

Vera: Eu, na sala de aula, vejo as crianças dominadas pelo celular, não tem aquela criatividade de inventar brincadeiras. Então, passo para os meus alunos também as brincadeiras que fazíamos quando éramos pequenos, para tirar essas crianças um pouco do celular. Porque pensam que sabem de tudo. Mas você lhes pergunta sobre o que é ser um quilombola, o que acham que é um quilombo. Então, ficam perto dos mais velhos para adquirir experiência e conhecimento. Se ficarem direto no celular, não se interessam em viver a experiência dos mais velhos... Mas eu falo para elas que é muito importante voltar às brincadeiras de antigamente. É preciso afastar um pouco essas crianças do celular e incentivá-las a chegar mais perto dos adultos, e os adultos precisam transmitir os conhecimentos para essas crianças. Eu acho muito importante. Porque fico na sala de aula, tem criança que não sabe nem ler, mas o celular todos dominam que nem bebem água. Então é muito importante trazer essas brincadeiras do passado. Porque essas brincadeiras de hoje... as crianças já estão cansadas delas, porque nem brincadeiras têm, né? Hoje em dia, não existem mais brincadeiras. Você pergunta para uma criança: "Vamos brincar?" Elas pegam o celular e se sentam. Se você está chamando, elas não estão nem prestando atenção. Então é preciso incentivar os pais também, né? Principalmente com as brincadeiras. Eu pedi para minha aluna Ana na sala de aula falar sobre a brincadeira. Então, a menina foi e fez na casa dela a brincadeira que eu fazia quando era pequena.

JOGO DA MALHA

JOGO DA MALHA

O jogo da malha era jogado por adultos e crianças no Quilombo da Fazenda, foi um jogo trazido pelos portugueses. A malha usada pelo pessoal do quilombo vinha do rio Ubatumirim, uma pedra chata como a da imagem.
Para jogá-lo, o ideal é ir para uma quadra ou uma área grande e plana. Esse jogo é como um tiro ao alvo, só que no chão. Faz-se um círculo grande com um piquete

no centro – que pode ser uma lata, uma garrafa PET, gravetos ou qualquer coisa que possa ficar de pé no centro para que seja derrubado.

Dividem-se dois times, um de cada lado do grande círculo, e devem ficar com uma distância de dez a quinze passos do círculo. Cada vez é um jogador que arremessa a malha (madeira chata, pedra, alumínio, entre outros – na internet, há diversos *sites* de compras do *kit* do jogo da malha). A malha que acertar o piquete faz seis pontos. Se ela parar na parte do círculo mais perto do centro, são quatro pontos. Acertando na parte perto do limite exterior do círculo, são dois pontos. Se a malha não chegar a entrar no círculo, o jogador não pontua.

Ganha o time que fizer mais pontos depois de todos os jogadores terem jogado. Este jogo pode ser jogado individualmente, um contra um, neste caso define-se uma quantidade de pontos limite, ou seja, ganha quem fizer dez pontos primeiro.

Quilombo da Caçandoca

HISTÓRIA DO QUILOMBO DA CAÇANDOCA

A comunidade quilombola da Caçandoca é formada por cerca de cinquenta famílias que vivem na região praiana do município de Ubatuba, no litoral norte de São Paulo, a 250 quilômetros da capital. Os quilombolas têm fortes relações históricas com seu território, e um modo de vida sustentável que garante a preservação das praias e de grande parte da Mata Atlântica. Caçandoca foi a primeira no país a conseguir um decreto de desapropriação do governo federal por interesse social após 2003, ano em que foi publicado o Decreto Federal n. 4.887[3], que normatiza o processo de titulação das terras de quilombo.

Os quilombolas da Caçandoca identificam seu território pelas localidades que faziam parte de uma fazenda escravocrata que, no século XIX, produzia café e cana-de-açúcar. Comprada por José Antunes de Sá em 1858, a fazenda abrangia as localidades de Praia do Pulso, Caçandoca e Caçandoquinha, Bairro Alto, Saco da Raposa, São Lourenço, Saco do Morcego, Saco da Banana e Praia do Simão. O quilombola Antônio dos Santos diz que seu bisavô, João Benedito, era escravizado na Fazenda Caçandoca quando José Antunes de Sá comprou as terras. Os três filhos do fazendeiro se estabeleceram em três núcleos administrativos da mesma fazenda: Caçandoca, Saco da Raposa e Saco da Banana, cada um com uma sede e um engenho d'água.

---

[3] BRASIL. Decreto n. 4.887, de 20 de novembro de 2003. Regulamenta o procedimento para identificação, reconhecimento, delimitação, demarcação e titulação das terras ocupadas por remanescentes das comunidades dos quilombos de que trata o art. 68 do Ato das Disposições Constitucionais Transitórias. *Diário Oficial da União*, Brasília, DF, ed. 226, seção 1, p. 1, 21 nov. 2003. Disponível em: http://www.planalto.gov.br/ccivil_03/decreto/2003/D4887.htm. Acesso em: 14 ago. 2025.

As terras do Quilombo da Caçandoca reúnem um conjunto de narrativas a respeito da formação, do modo de vida e das lutas travadas por comunidades quilombolas brasileiras para se manter em seus territórios tradicionais. O fato de esses indivíduos terem sido deixados à própria sorte após a Abolição resultou em uma multiplicidade de caminhos percorridos para conseguirem consolidar os seus territórios. Foram muitos os modos como ocuparam as suas terras e distintas as maneiras como formaram as suas comunidades, enfrentando todo o tipo de desafios para se relacionarem livremente com o seu entorno.

ENTREVISTA

Nascida em 11 de abril de 1946 no Bairro Alto, litoral norte paulista, dona Rosa, como é carinhosamente chamada, reside no Quilombo da Caçandoca. Atualmente com 79 anos de idade, ela e sua irmã mantêm um quiosque na praia da Caçandoca. Além disso, ela está cursando Licenciatura em Educação do Campo – Ciências Humanas e Sociais. O curso, voltado para quilombolas, caiçaras e indígenas das cidades do litoral norte de São Paulo (Ubatuba, Caraguatatuba, Ilhabela e São Sebastião), é oferecido e coordenado pela Universidade Federal do ABC no Centro Comunitário de Caçandoca.

A entrevista, realizada no dia 11 de abril de 2025, permitiu colher informações acerca da história da entrevistada, do Quilombo da Caçandoca, das dinâmicas das relações entre as infâncias, a educação, as brincadeiras e as diferenças geracionais. Para a publicação do livro, a dona Rosa colaborou com uma brincadeira que brincou quando criança no Quilombo e que fez parte de sua infância. É importante mencionar que foi realizada uma entrevista de aproximadamente 40 minutos. No entanto, para atender aos objetivos desta publicação e devido ao limite de espaço, escolhemos trazer apenas trechos da entrevista.

Entrevistador: Para a senhora, o que é ser quilombola?

Dona Rosa: Quilombola para mim é reconhecimento, né? Porque a gente, a maioria de todas as pessoas, até eu mesma falo, que a gente ficou mais reconhecida depois que surgiu o remanescente de Quilombo. Porque, antes, era a gente mesmo, mas agora está em toda a mídia, né? É diferente. Hoje há um esforço para tentar preservar as comunidades quilombolas, valorizar. Então, a gente tem de estar ali para tudo sair... não sair assim mastigado, mas sair completo, né? Precisa ter muito cuidado com o que fala, com o que faz, que agora a gente, antes fazia de qualquer jeito... Mas hoje em dia, você tem de pensar muito o que vai fazer, tem de analisar se vai dar certo, se não vai dar, porque, hoje, você está aqui e está cheio de fotógrafos fotografando... você está aqui trabalhando... daqui a pouco, tem um monte de gente querendo história, querendo entrevista... um monte de coisa. Então a gente tem de saber o que vai falar, o que vai dizer, né?

Entrevistador: Hoje, as crianças brincam no Quilombo acompanhadas pela senhora. Como é esse movimento?

Dona Rosa: Eles brincam quando tem um evento, uma festa! Por exemplo, amanhã é um dia de evento legal aqui, que é da saída dos Guaiamuns. No domingo, a festa vai ser aqui, aí vai ter um monte de criança aí, com um monte de pessoas trazendo um monte de brincadeiras. Aí juntam as crianças da escola e algumas crianças de fora, e formam esse pátio aqui... ficam todas aqui brincando, fazendo um monte de brincadeira diferente...

Entrevistador: A senhora comentou que foi para a escola aqui, no Quilombo. Lembra-se de como era? Os professores, o que vocês faziam na sala de aula, se tinha brincadeiras.

Dona Rosa: Tinha brincadeira na entrada, quando você chegava à escola de manhã cedo. Você fazia aquela fila, cantava o Hino Nacional e entrava. E lá você, primeiro, tomava o lanche. Aí entrava na escola e ficava fazendo as suas tarefas que tinha de fazer, aí tinha um intervalo. E a gente saía e ia para as brincadeiras. Brincava de queimada, de roda, de peteca, de pular corda... eram umas brincadeiras de criança mesmo.

Terminavam as aulas, todo mundo ia para casa. E eu lembro muito bem de que a minha avó, a minha vovó Rosária, tinha um casarão muito grande, sabe? Ali, tinha um quintal, um terreiro grande, onde ela secava café e feijão. Então, quando chegava de tarde, a minha tia cobria o café com uma lona, com plástico, alguma coisa, e ficava aquele quintalzão. Aí nós íamos para lá brincar e nos divertíamos. Nós juntávamos todas as minhas primas, as meninas do vizinho, e íamos tudo lá brincar de roda. Nós cantávamos, tinha várias músicas, mas o que eu cantei aqui, que as meninas gostaram (*aqui ela está falando da visita que as crianças do Gaiato fizeram à comunidade*), era uma cantiga de roda que dizia assim: “É, tirando uma pedra, o quê, o quê, o quê?” Aí eu pegava uma menina e perguntava: “Aí, tirando duas pedras, o que que vai fazer?” Aí, tirava uma pedra, ia lá, pegava uma menina e ia colocando na minha roda. Aí a outra roda ia se desfazendo, porque eu ia trazendo todas as meninas que estavam na outra roda... trazia para minha a roda, né? Em seguida, a gente ia cantando, cantando, até terminar a última pedra, né? Assim a gente ia brincando... (ver Margarida está no castelo, página 126).
Tinha uma brincadeira que as crianças gostavam também que era: “Maria”. Foi minha irmã até que ensinou. É assim: “O que está fazendo aí, Mariquinha? O que está fazendo aí, Mariquinha?” “Estou costurando a saia." Aí fazia o jeito que estava costurando. E as crianças todas vão imitando o jeito que ia costurando. “Ainda para eu vestir, Mariquinha, ainda para eu vestir, Mariquinha, quando eu for à missa." Você reza assim (*juntando as mãos*),

ajoelhava e ensinava as crianças como rezar. Era legal as crianças, tudo... Também tinha muita criança que era lá do Ipiranguinha (*falando das crianças do Gaiato*) que já sabia também as brincadeiras... então a gente brincou a tarde toda. Essas crianças brincaram. É uma coisa que a gente tem falado nesse trabalho, que motivou também a gente a fazer, porque hoje, com a tecnologia, o celular, as crianças não brincam mais.

Então, aí a gente aprende a fazer... brincava de queimada, né? Você sabe aquela roda que faz, né? Quando joga a bola no outro, fala-se queimada. E tinha também uma outra brincadeira que a gente brincava muito, que fazia uma roda assim, ia jogando lenço atrás, e quem não pegasse o lenço entrava dentro da roda, estava ali de castigo. Eram muitas brincadeiras, muitas brincadeiras mesmo, que a gente fazia antigamente. E brincava até o anoitecer, começava ali pelas quatro horas... brincávamos até nossa mãe nos chamar: "Vamos embora, crianças, que está escuro..." e nós estávamos ali brincando.

Entrevistador: Qual a importância das brincadeiras para a senhora?

Dona Rosa: Olha... as brincadeiras, para mim, são importantes, porque desenvolvem muito também, né? A gente já, como diz, fica com outra mente de estar, assim... As brincadeiras são coisas que passam de geração para geração, né? Então acho muito importante você brincar. Qualquer tipo de brincadeira que você faça, que seja uma brincadeira saudável, é legal. É muito importante, né? Também é muito importante, assim, cada comunidade ter suas brincadeiras, seus modos de viver, de ensinar as crianças a fazer, como se diz, a curtir suas brincadeiras. Isso é muito importante. É bom mesmo, muito bom. Até gente que é dessa idade (*falando dela mesma*), quando entra em uma brincadeira de roda, não quer sair. Isso faz a gente desenvolver. Brincar deve ser alguma coisa que a gente nunca deve parar na vida. Nem ficar sem ela. Vamos supor, eu vou estar lá com meus noventa anos e falar: "Ah, eu não consigo mais correr para lá". Mas nem que seja caminhando. Caminhando, sentada, olhando... dá para ser feliz ainda, né?

margarida Está no CASTELO

Margarida Está no Castelo

Esta brincadeira era feita pelas meninas e pelos meninos do Quilombo da Caçandoca de antigamente, e nos foi contada no dia em que fomos com trinta crianças do Ipiranguinha visitar as crianças de lá. Nem as crianças do quilombo conheciam a brincadeira, então dona Rosa ensinou pra todo mundo. E foi tão legal, porque ela começou contando pra gente como uma história do que ela gostava de brincar, até que uma das nossas crianças levantou e falou: "Então vamos brincar!" e brincamos muito!

A brincadeira começa com uma grande roda e uma criança no meio. Aí todos cantam e giram a roda:

"Margarida *tá* no castelo, o quê, o quê, o quê?
Margarida *tá* no castelo, o que é que eu *vô fazê*?"

Daí a pessoa de dentro, que representa a Margarida no castelo, responde (na verdade todas as crianças seguem cantando a resposta, mas quem vai agir é a Margarida):

"Vou tirando uma pedra, o quê, o quê, o quê?
Vou tirando uma pedra, o que é que eu *vô fazê*?"

Quando ela diz isso, ela puxa uma criança para começar a formar uma roda dentro da roda, que vai girando no sentido oposto à grande roda. E logo em seguida já canta:

"Vou tirando duas pedras, o quê, o quê, o quê?
Vou tirando duas pedras, o que é que eu *vô fazê*?"

E pega mais uma criança para a roda dela.

A ideia é seguir cantando, três pedras, quatro pedras... até que a roda interna fique maior que a externa e desfaça o "castelo"; ou seja, na roda maior não tem mais como ficar com as crianças de mãos dadas. Assim termina a brincadeira.

Aldeia Boa Vista

ALDEIA BOA VISTA – DADOS HISTÓRICOS

Localizada a aproximadamente 2,3 quilômetros da rodovia BR 101, no Bairro do Prumirim, em Ubatuba, onde está há exatos cinquenta anos a aldeia Tekoá Jaexaá Porã (em português, 'Boa Vista'). Homologada em 1987, ganhou seu nome em referência à bela paisagem, que possibilita logo na entrada avistar a Ilha do Prumirim. Em busca de um bom "Tekoa" (expressão usada para denominar o local onde é possível realizar o modo de ser Guarani) que deve estar próximo da floresta, os indígenas da etnia Guarani Mbya migraram do sul do Brasil e da América Latina para o litoral do Sudeste brasileiro, em meio à exuberante Mata Atlântica.

A aldeia conta com uma área de 920,66 hectares, e atualmente cerca de 55 famílias vivem na comunidade, que integra modernas tecnologias como placas de luz solar e casas de alvenaria perto das tradicionais de pau a pique.

Na Aldeia Boa Vista, da Nação Guarani, foi construída, sem perder as raízes indígenas nem a identidade com seus antepassados, a Escola Tembiguai ('Mensageiro'), mantida pela prefeitura, onde os alunos de 1º e 2º anos aprendem sua língua de origem, o Guarani Mbya, e os de 3º e 4º anos têm aulas em Português. A aldeia conta ainda com fossa séptica, telefone comunitário e posto de saúde.

Mesmo tendo seu território garantido, os Guarani enfrentam sérias questões para assegurar sua alimentação e uma vida digna. A caça, que constituía uma fonte importante para a alimentação de sua população, já não é tão abundante na região. Por outro lado, no processo de contato mais intenso com os Juruá (não indígenas), os Guarani passaram a consumir produtos industrializados (roupas, alimentos, eletrodomésticos), o que gerou a necessidade do dinheiro. Nesse contexto, o desenvolvimento de alternativas para geração de renda de forma sustentável é um dos desafios prioritários para os Guarani da Boa Vista.

ENTREVISTA

Entrevistador: Você pode se apresentar e depois nos falar sobre sua relação com o Sextas do Brincar, o projeto do livro sobre as brincadeiras?

Billy: Meu nome é Billy Tupã Fernando. Sou professor e atuo também como fotógrafo. Tenho 29 anos. E a brincadeira do projeto de que participei com as crianças indígenas, para a gente foi uma experiência assim, nova, né? Porque a gente pode aprender tanto as brincadeiras não indígenas quanto ensinar também nossa brincadeira da comunidade para as crianças não indígenas. E meio que foi um intercâmbio de brincadeiras. A gente participou... acho que aconteceram uns dois ou três encontros na aldeia, em que as crianças se relacionaram com brincadeiras, por meio das palavras também. Porque acho que, para a brincadeira funcionar, para ser legal, a gente tem de falar, contar, fazer a outra criança aprender a brincadeira. Então foi praticamente isso o projeto e foi uma experiência boa. Porque a gente nunca tinha feito essas brincadeiras assim, né? E a brincadeira da aldeia é a mesma que a gente brincava, no caso, na minha infância.

Entrevistador: Como educador e como pessoa indígena, como você vê a importância do brincar na educação e na socialização, mas principalmente na socialização e na educação nas aldeias indígenas?

Billy: Eu vejo a brincadeira na educação e na socialização... é aquela que eu falei agora, né? Por meio da brincadeira, a gente faz amizade, conversa, conhece outras pessoas. E, por meio da brincadeira, tem a educação, né? Porque, por meio da brincadeira, a gente aprende a verdadeira educação. As crianças mostram isso, né? Como eu mesmo sou professor, às vezes, na sala de aula, proponho uma brincadeira, mas, por exemplo, essa brincadeira se transforma em aula, em que a criança fala assim: "Nossa, essa é uma brincadeira que você está fazendo, mas a gente está aprendendo a ler, está aprendendo a falar. Não só na nossa língua, que a gente já sabe, mas na língua portuguesa também". Então acho que o brincar na educação é isso, né? Você aprender com as brincadeiras, ensinar as crianças com as brincadeiras, não é assim? Elas vão se soltando para falar, para conhecer outras pessoas, né? Isso é muito importante. Socializar. Aí, no caso, por meio da brincadeira, é possível acontecer isso, sim. Essa experiência vai acabar. Essa é a experiência que eu vivi, e é isso.

Entrevistador: E como foi sua infância? Quais brincadeiras você fazia quando era criança? Como era a relação entre vocês e as crianças a partir delas?

Billy: Bem, na minha infância, eu brincava mais... a gente brincou também nesse projeto fazendo essa brincadeira. O nome dela em Guarani é *Amandau kyvykyvy'i*. A gente não tem a tradução dela para o português (brincadeira da página 135),

Entrevistador: E como ela é?

Billy: Ela funciona da seguinte maneira: a gente reúne uma grande quantidade de crianças e vai se segurar em uma árvore igual a uma fruta. Só que essa árvore tem vários tipos de frutas. Por exemplo, na mesma árvore tem, vamos supor, manga, banana, maçã. E duas crianças ficam em pé, a outra criança é a que planta. É a que sabe das frutas que tem, e a outra vem comprar. A outra criança vem e fala: "E aí, como está a plantação? As frutas estão maduras ou ainda estão verdes?" Enquanto isso, as crianças vão cantando: "*Amandau kyvykyvy'i*". A canção acontece três vezes. Depois que termina a canção, a criança vem e pergunta se a fruta está madura. E, quando está madura, os demais participantes tentam tirar a criança da árvore. Aí ela tem de se segurar forte, para não sair. Aquele que não conseguir sair é o vencedor, no caso, o comprador não leva, e a fruta vence, porque ela foi a mais resistente mesmo sendo madura.

Entrevistador: E a criança se agarra na árvore ou nas outras crianças?

Billy: Na árvore e nas outras crianças também. São em fileiras de crianças. Elas vão se segurando umas às outras, e aquela que se segurar mais forte é a mais resistente. E as crianças brincam assim e fazem amizade. É mais para amizade. Conhecer mais também os coleguinhas da escola, porque às vezes tem uma criança que não conversa.

Entrevistador: Em sua opinião, qual é o ensinamento, qual é a lição deixada por essa brincadeira?

Billy: Essa brincadeira faz as crianças se juntarem, se conhecerem. Porque, por meio dessa brincadeira, por exemplo, segure-se em mim, você pode se segurar em mim, pode segurar com força, que você não vai conseguir soltar. É a mesma coisa que incentivar também a ser forte, né? "Não, você vai ser forte, pode se segurar em mim... Você não está sozinho, que eu estou junto também." É mais para se conhecer, é mais para incentivar e motivar também, para ser a raiz mais forte. Acho que é um pouco disso que a brincadeira mostra para as crianças.

Entrevistador: Você nota alguma mudança entre sua geração, quando você era criança, para as crianças de hoje em dia? Se sim, qual(is)?

Billy: Sim, eu vejo as mudanças, porque na minha infância a gente brincava mais, porque a gente não conhecia a tecnologia que hoje em dia as crianças já conhecem na escola, que é o celular, o *tablet*, o *notebook*, o computador. A tecnologia vem impactando, tirando um pouco da visão da criança para o brincar e levando para os jogos da tecnologia. Na minha infância, a gente brincava mais... a gente até fazia um canto, né? Dentro da brincadeira mesmo, a gente cantava... de nossa cultura mesmo, né? E, hoje em dia, eu vejo muito menos o brincar, mesmo na aldeia. Infelizmente, né? A tecnologia vem impactando muito na cultura indígena. As crianças de hoje em dia são mais assim, brincar com jogos de tecnologia, celular, essas coisas. Acho que essa é a grande diferença entre minha infância e a geração de hoje em dia.

Entrevistador: Então acho que podemos mudar um pouco isso, né? Tirar as crianças do celular para elas brincarem mais. Isso é muito importante, né?

Billy: Isso. No caso, esse projeto do brincar é isso, né? Tirar as crianças da tecnologia, que é o celular, e levá-las para o espaço para poderem brincar, conhecer-se. Trocar ideias, trocar as brincadeiras. Émuito importante tudo isso.

AMANDAU KYVYKYVY'I

Como se pronuncia o nome desta brincadeira:

Voz: Kerexu

AMANDAU KYYYKYYY'I

Esta foi uma brincadeira que as crianças adoraram conhecer! Nessa atividade, será preciso uma árvore com um tronco forte!

Cada criança "vira" uma fruta. Antes de começar, cada criança escolhe uma fruta que quer ser e diz para o adulto (ou criança) que vai "vender" as frutas.

O próximo passo é formar uma fila com todas as "frutinhas", de frente para a árvore, uma atrás da outra e sentadas. A fruta que ficar mais perto da árvore deve abraçá-la, ela deve se segurar bem forte, muito forte.

O jogo começa com um adulto perguntando ao primeiro: “Que frutas você tem pra vender hoje?”, e ele diz todas as frutas que as crianças falaram. Daí o adulto escolhe uma fruta e pergunta, por exemplo: “A manga está madura?” Se a manga for alguma criança que está no meio da fila, ela vai dizer não. Então o adulto escolhe outra fruta: “A melancia está madura?”, e isso se repete. A única fruta madura é a do fim da fila; então, quando o adulto a escolher, ela vai dizer que sim, está madura. Nesse momento, as crianças se agarram bem forte, porque é hora de puxar a fruta do pé.

AMANDAU KYYYKYYY'I

Lembram-se de que a primeira criança tinha de se agarrar bem forte à árvore? Pois é, nenhuma fruta quer sair do pé; então, começa o puxa-puxa, até a pessoa conseguir levar a fruta para ela. Se não conseguir, a fruta ganha e permanece no pé. E a brincadeira segue até a última fruta, até aquela grudada na “árvore” ser “apanhada”! A salada de frutas está garantida!

Comunidades caiçaras

Durante o ano de 2024, em que realizamos as visitas às comunidades tradicionais, não estivemos em nenhuma comunidade caiçara. Os quilombos de Ubatuba que visitamos são também comunidades caiçaras, mas com outras características. O fato é que, pela especulação imobiliária desde os anos 1970, as terras caiçaras, que ficam à beira-mar e no seu entorno, foram sendo desapropriadas de maneira bastante inescrupulosa. A população caiçara foi tendo que se mudar, afastando-se das praias e, portanto, da sua forma de viver, da possibilidade de manter a sua cultura viva e pulsante.

São poucas as comunidades de caiçaras que ainda (r)existem em Ubatuba, e elas só estão aí porque lutaram muito para permanecer. Foi praticamente no fechamento deste livro que encontramos o Domingos, um poeta caiçara, escritor, fazedor de arte e professor da rede estadual de ensino, nascido na comunidade caiçara da Maranduba e que viveu sua infância na Praia da Fortaleza completamente imerso na cultura caiçara, e por isso trouxemos seu relato aqui. Quando entramos em contato e falamos do projeto por um aplicativo de mensagem, Domingos presenteou-nos com esta mensagem:

"Minha infância foi tão antigamente
(e pobre)
que não conheci televisão,
video game ou internet.
Nossos brinquedos e brincadeiras
eram sapatos de lata de leite,
carrinhos de lata,
barquinhos de caixeta,
corda de pular,
jogo de *miriguitos*[4],
pernas de pau,
pipa, pião, peteca,
estátua, mãe da rua,
joão-bobo, vivo-morto,
queimada, futebol, passa-anel,
cabra-cega,
'beijo, abraço, aperto de mão', cansei.
Minha infância foi tão antigamente
(e rica)". (autoria do Domingos Fábio dos Santos)

---

4 *Miriguito*: palavra Guarani utilizada para definir sementes de cubatão, usadas pelas crianças em vez das bolas de gude.

ENTREVISTA

Entrevista com Domingos, caiçara nascido na comunidade Maranduba, poeta, escritor e professor da rede de ensino estadual.

Entrevistador: Você pode se apresentar e falar um pouco sobre suas experiências?

Domingos: Sou Domingos Fábio dos Santos, tenho 61 anos e sou natural da Praia da Maranduba, em Ubatuba. Meus avós maternos são pescadores, os paternos também. Os paternos são da Praia da Maranduba e os maternos da Praia da Fortaleza... Eu acho que peguei uma fase de transição de nossa história caiçara quando começou a chegar o turismo mais intensamente em Ubatuba, trazendo aquelas modificações tanto na sociedade quanto no espaço caiçara, sabe? Então eu peguei essa fase... era um tempo de saberes e práticas antigas. E, depois, a fase de mudança também que aconteceu...

Entrevistador: Você estava nos contando o que significa o brincar para você, que tinha muito a ver com o aprendizado também. Fale um pouquinho mais sobre isso.

Domingos: Isso! A gente brincava, e era uma forma de a gente também aprender, porque os nossos pais, nossos avós e nossos tios levavam a gente para, por exemplo, puxar uma rede na praia, e a gente participava como crianças. É como uma atividade lúdica também. A gente ia fazendo isso, ia aprendendo. Então a gente aprendeu a nadar. Todo caiçara que nasce na praia sabe nadar, né? A pescar, a remar uma canoa. Nossos brinquedinhos eram relacionados também com o mar. A gente fazia barquinhos com uma madeira muito leve chamada caixeta, fácil de modelar, e usava nas nossas brincadeiras. A gente fazia armadilhas para pegar caranguejo. A gente aprendeu a fazer e a atrair guaiá, o guaiá-das-costelas, que é o caranguejo das costeiras, com isca e assovio. Tem de assoviar também, senão não vem. Você sabe disso, né?

Então o lúdico se misturava com o aprendizado. E acredito que seja assim também entre os indígenas, porque eles partilham muito com os filhos esses momentos de trabalho, de convivência. E vou dizer-lhe uma coisa: eu visitando uma Aldeia Guarani, na Praia do Mirim, conversando com o Seu Altino... Um cacique (agora ele não é mais porque deixou para o filho dele), ele ouvindo esses relatos de que o primeiro fogão que teve em casa dos meus avós foi uma Itacuruba. Depois que melhorou a situação e fez um fogão a lenha. Então eles falam assim: "Puxa, mas vocês eram indígenas também?" E o caiçara é essa mistura de indígena muito forte também. Tanto é assim que a minha avó materna, por exemplo, usava muitas expressões em Tupi-Guarani, sabe? A gente chegava em casa, na casa dela, e ela falava assim: "Puxa, meu filho, você tá aí. Aí vem de branco, né, Caraíba? Cara pálida, cara branca? Aí é fraquinho. Desnutrido, né? Mas também, meu filho, você só come um quilo de comida. Hum". Quer dizer, um pouquinho. Pouca farinha. Pouca coisa. Então perceba que essa peculiaridade, essas expressões antigas permaneceram em Ubatuba, assim como também algumas técnicas de pesca, de fazer farinha de mandioca. Nossa cultura litorânea era a cultura da mandioca, sim.

Entrevistador: Como professor, de que modo entende o brincar nessa prática do aprendizado cotidiano? E por que deu essas aulas extracurriculares de brinquedos?

Domingos: Eu fui a uma oficina, porque a escola virou escola de tempo integral. Aí tem essas aulas diferenciadas, né? Esse foi um projeto que eu desenvolvi com os alunos para tentar resgatar um pouquinho. Só que como? Como você mesmo já falou, os tempos mudaram. O padrão cultural é outro. A massificação da internet trouxe outras formas de brincar, então não teve assim tanta repercussão quanto eu pensava que teria, sabe? Ficou como curiosidade apenas. Do mesmo modo que a vida é dinâmica, o tempo é dinâmico, a cultura também. Dinâmica, né? Então não dá para congelar no tempo e no espaço uma prática cultural, porque muda mesmo, com o tempo. A gente muda, as pessoas mudam, a consciência também...

Mas nosso lazer, nossos brinquedos estavam muito adequados para os caiçaras daquela época. A gente não tinha, por exemplo, luz elétrica na praia. Até na Praia da Fortaleza, onde eu vivia, não tinha luz elétrica. Até os anos de 1976, 1977, quando chegou a luz elétrica, não tinha televisão. Notícia só por rádio de pilha... Como toda essa mudança social é no espaço caiçara, em muitas famílias caiçaras foi assim. Pode-se falar que foram expulsas mesmo. Da orla, né? Muitas. Hoje é difícil ver uma família caiçara morando de frente para o mar que tenha canoa. É muito difícil... e, sem acesso à praia, sem acesso ao mar, sem praticar seu modo de vida, suas técnicas de trabalho, ele vai esquecendo muitas coisas, porque a cultura tem uma relação íntima com o saber, com o fazer. E já que muitos netos de caiçaras, até mesmo filhos de caiçaras, já não têm esse trabalho ligado ao mar ou a terra, acaba se esquecendo e perdendo muita coisa.

A gente, nossa cultura, nosso saber, tem uma relação direta com as condições concretas de existência. E nós não praticamos mais aqueles saberes, aqueles fazeres ligados a terra, ao mar. Poucos ainda fazem isso em Ubatuba, né? Mas nas praias mais preservadas do norte do Camburi, onde o caiçara está ali em contato direto com o mar, com a praia, com a pesca, lá subsiste mais ainda. Mas a pena é

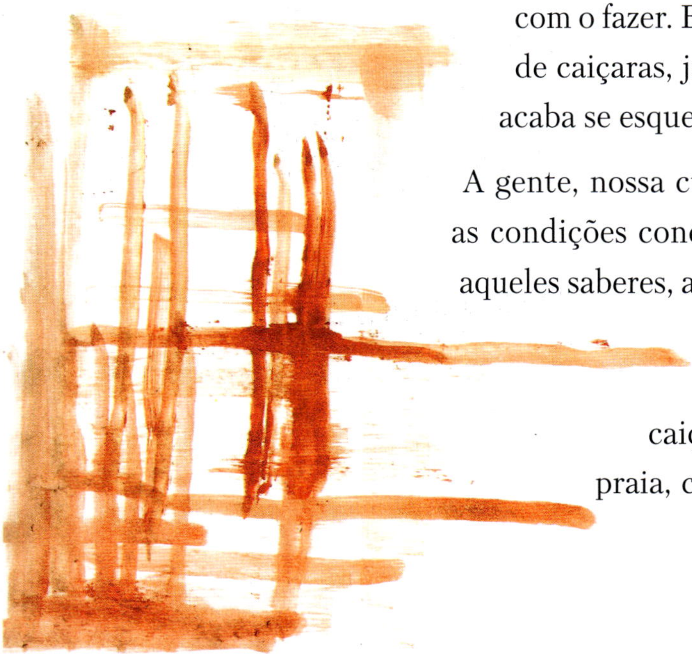

que, ainda nesses lugares, as crianças, ainda que essa parte da cultura permaneça... vamos dizer... a coisa de algumas brincadeiras, né? A forma do brincar mesmo, porque depois chegaram os brinquedos industrializados, né? Os carrinhos, os bonecos, a bola de plástico, e tudo mudou. Mudaram então as maneiras de brincadeira. Na minha infância, por exemplo, não tinha bolinha de gude. A gente usava sementes para jogar como se fossem bolinhas de gude. No caso, eram as sementes do mar, chamadas de cubatão. A árvore cubatão tem uma semente bem redondinha... e a gente chamava assim essas sementinhas. É um nome indígena mirim. Era jogo de mirim. Elas eram usadas em vez das bolinhas. Depois é que a gente passou a usar bolinha de gude no lugar delas.

Entrevistador: Nessas brincadeiras que vocês faziam, brincavam jovem, adulto, meninas, meninos, todos juntos? Ou era separado por faixa etária ou por sexo? Você chegou a brincar na escola, dentro da sala de aula ou no recreio? Quais eram as brincadeiras que vocês faziam na escola?

Domingos: Ah, *tá* bem. Tinham algumas brincadeiras que eram próprias de meninos, como o jogo de futebol, por exemplo. Em nossa época, menina não jogava futebol. Não é só machismo. Menina não podia jogar... Eram só homens. E aí tinham os jogos das crianças e, a partir de certa idade, na pré-adolescência, se alguém tinha certa habilidade, os mais velhos deixavam também entrar no jogo. Se tinha certo talento para o futebol, deixavam participar também do jogo. E era assim... em outras ocasiões todos brincavam. Então, aí misturava: na hora de fazer roda de dança, ciranda de criança, essas coisas, né? Tudo junto. Já na escola, no meu tempo de primário, eram mais coisas de futebol, principalmente bola. Não tinha espaço para outras coisas. Não era só futebol. Não tinha nem entre as meninas, também não tinha outra... Elas não brincavam de outra coisa. Ah, tinha também corda, né? Pulava corda. Para que mais? Que poderia ter?

Entrevistas com educadores que acompanharam os passeios

ENTREVISTA COM BETHÂNIA SOUZA SANTOS, EDUCADORA SOCIAL COMUNITÁRIA

Entrevistador: Você pode se apresentar e citar as atividades que desenvolve no projeto?

Bethânia: Meu nome é Bethânia Souza Santos, tenho 35 anos, e as atividades que realizamos foram oficinas de artesanato têxtil e brincadeiras. Brincadeiras como jogar peteca, brincar de bola, pega-pega, taco. E aprender e ver o ritmo do tambor, colocando isso como uma brincadeira. E rouba bandeira. De todas essas brincadeiras, eu fiz parte.

Entrevistador: Quais aspectos culturais das comunidades tradicionais impactaram as crianças durante as atividades?

Bethânia: Eu acredito que um aspecto cultural que impactou bastante as crianças foi a rotina do dia a dia, ver a diferença da rotina de uma criança urbana, periférica, para uma criança de uma comunidade tradicional. Os lugares onde brincam. A forma de brincar é basicamente a mesma, porque crianças são crianças. Mas o território, o espaço, o chão de terra, muitas árvores, a natureza muito presente, a questão do aspecto cultural de não ter, por exemplo, acesso à internet. Isso impactou bastante as crianças. "Como assim não tem internet aqui? Então o que vocês fazem?" Acho que é isso, esse território, dentro de uma conservação e uma preservação do meio ambiente. Creio que isso impactou bastante as crianças.

Entrevistador: Você pode nos citar quais foram as principais mudanças observadas nas crianças após elas participarem das brincadeiras?

Bethânia: [...] A diferença que eu percebo, gritante... é desse comportamento de energia mesmo, de sensação, de calma, mais tranquilidade, mais contato visual. Foi isso que eu percebi nas crianças.

ENTREVISTA COM NICK BUCK, PROFESSOR DE BIOLOGIA, GUIA TURÍSTICO E EDUCADOR DE ESTUDO DO MEIO

Entrevistador: Você pode se apresentar e falar sobre seu papel dentro do projeto?

Nick: Sou o Nick Kantorowicz Buck, um dos arte-educadores do Projeto Sextas do Brincar. Fui convidado assim que o projeto foi aceito no edital para participar das vivências das crianças. Estive presente em todas as saídas, desde a primeira até a última, na finalização do projeto.

Entrevistador: Como você acha que as brincadeiras podem contribuir para a socialização e a educação das crianças? Consegue dar um exemplo prático a partir das atividades realizadas?

Nick: Tem muitos exemplos, mas, para começar, o brincar que é algo inerente à criança, é algo natural, já é uma atividade por si só, capaz de socializar, assim que a criança entende o mundo, que aprende com o mundo. Então, a ideia desse projeto de interagir, integrar crianças de diferentes comunidades, a partir do brincar, foi de grande sucesso em nossas observações de campo, pois o engajamento das crianças foi muito bom, nas brincadeiras trazidas por uma ou por outra comunidade. Uma delas, por exemplo, de que eu me lembro, é uma brincadeira das comunidades indígenas, tanto da Boa Vista quanto da aldeia Rio Bonito de Itamambuca, uma brincadeira que vem dos ancestrais: as crianças se organizam, sentadas, então elas se abraçam em uma árvore e fazem uma fila, uma abraçando a outra. Elas são colocadas ali como se fossem frutas, e aí o comprador vai tirando essas frutas... vai tentando tirar essas crianças como se fossem frutos maduros, e as crianças agarram-se umas às outras, não querendo sair. Nela, eu pude acompanhar que, após a brincadeira, as crianças se olham com outro olhar. No começo, elas ficam receosas, mas depois percebem que têm de ficar unidas, próximas umas das outras. E essa é uma brincadeira que claramente mostrou isso às crianças.

Entrevistador: Como vocês conciliaram a necessidade de diversão com a aprendizagem durante as brincadeiras?

Nick: A gente teve, em algumas saídas, momentos de oficinas que as comunidades quiseram fazer, por exemplo, na Aldeia Boa Vista, que eles quiseram fazer oficinas para fabricação de colares de miçanga, filtros de sonhos. E a gente já sabia que isso ia acontecer... então geralmente deixávamos esse momento para o final e explicávamos às crianças que iríamos ter um momento de brincadeiras, livre às vezes, e teríamos um momento em que elas participariam das oficinas. Tudo sempre combinado, falado com as crianças, para que elas se acalmassem um pouco, porque precisam se sentar, ouvir as crianças, sobre como podíamos fazer para construir, fabricar um colar, um filtro de sonhos. Então a gente focou muito para que as coisas acontecessem, tanto a brincadeira quanto o aprendizado, a partir dos combinados. Mas é claro que as próprias brincadeiras, mesmo aquelas que foram livres, em que os deixamos soltos, acredito que muito foi aprendido ali também.

ENTREVISTA COM MONICA NEISSER, PSICÓLOGA E EDUCADORA VOLUNTÁRIA NO GAIATO.

Entrevistador: Você pode se apresentar e informar qual seu papel no projeto?

Mônica: Meu nome é Mônica Gaspar Neisser, tenho 47 anos, sou psicóloga e no projeto fui educadora voluntária.

Entrevistador: Como você acha que as brincadeiras podem contribuir para a socialização e a educação das crianças? Você consegue dar um exemplo a partir das atividades realizadas?

Mônica: Sim, a gente viu isso acontecer em praticamente todas as saídas com as crianças. Era muito comum nas saídas elas chegarem, seja na aldeia, seja no quilombo, e ficarem mais entre as crianças que já se conheciam e, quando as brincadeiras começavam, aí sim elas interagiam. Quando eram as crianças do projeto que apresentavam uma brincadeira para as crianças da aldeia, por exemplo, explicavam a brincadeira. E aí começavam os jogos, as brincadeiras, e eles se entrosavam e criavam mesmo laços de amizade. A gente percebeu as trocas. E aí na hora do lanche eles já estavam juntos, conversando. Isso foi muito interessante de observar em todas as saídas.

ENTREVISTA COM DANIELA DOMINGUEZ, COORDENADORA PEDAGÓGICA

Entrevistador: Queria que você falasse sobre isso, sobre a importância da contribuição desses espaços quilombolas e das aldeias.

Dani: A brincadeira, o recebimento, o acolhimento que a gente teve das crianças de todas as comunidades foi fantástico. Não tenho o que falar. Foi incrível o acolhimento das pessoas que nos receberam. As crianças estavam dispostas para fazer esse diálogo brincante, né? As crianças saíam da região oeste, chegavam nas aldeias ou quilombos e falavam: "Nossa, professora, eu nunca vi, nunca imaginei, nunca me vi dentro da aldeia". E levar a criança para a natureza é essencial, né? Pé no chão, sabe? Correr descalço, poder ter isso. Nós moramos em um município onde a gente ainda pode fazer isso. A gente deixa a criança descalça, leva para a natureza, é essa vivência que tanto as aldeias como os quilombos proporcionaram para gente. Eu não consegui participar do passeio que eles fizeram no Quilombo da Fazenda, mas as crianças do quilombo mostraram para nossas crianças, e eu ouvi os relatos depois, vi as fotos das próprias crianças, que falaram: "Nossa, professora, eles levaram a gente para o rio e eles brincaram no rio"; jogaram-se com roupa, subiram na pedra, pularam da pedra. Então, que melhor troca pode haver? O *feedback* também foi positivo da parte dos professores dos quilombos e das pessoas que acompanharam. Foi muito legal a gente poder proporcionar esses momentos para eles e para nós, adultos, de forma geral.

Entrevista com a coordenação do Gaiato

ENTREVISTA COM BARBARA BUCK, IDEALIZADORA DO PROJETO E COORDENADORA DO GAIATO

Entrevistador: Você pode se apresentar e dizer qual seu papel no projeto?

Barbara: Eu idealizei e formulei o projeto. Estava na coordenação pedagógica do Serviço de Convivência e, a partir das observações das crianças sobre aquilo que comentamos no texto de introdução, da dificuldade delas de brincarem de outras coisas, de criarem brincadeiras, de se conectarem de fato nos espaços, colocando seus corpos na vida, vi o edital da Fundação Abrinq e pensei que poderia ser uma oportunidade de olharmos para isso com mais profundidade. Só não esperava que fosse ser tão potente como acabou sendo.

Entrevistador: E como surgiu essa ideia?

Barbara: A ideia de pensar brincadeiras com participação das crianças, educadoras e comunidades? A gente entendeu (a Dani, os educadores e eu), depois da pandemia, quando a gente fez o exercício com as crianças de começar a observar o tempo delas sem o celular, tanto no Gaiato quanto nas experiências que traziam de ficar em casa sem o celular, que havia uma falta de repertório de brincadeiras e, com isso, muitos relatos de que na escola não estavam brincando mais porque tem só 20 minutos de intervalo. Isso desde a pandemia, né? E parece que a coisa, mesmo depois da pandemia, se manteve. Então, nossas crianças estavam não apenas sem brincar, mas nos parecia que não lembravam mais de como brincar. Foi aí que a gente implementou a primeira fase do projeto "Sextas do Brincar", em que recebíamos as crianças no turno da tarde para brincar livremente, que era o que conseguíamos fazer com o recurso disponível. Com a parceria da Abrinq, a gente pôde expandir o tempo para que todas as crianças do Gaiato, as da parte da manhã também, pudessem ter o tempo do "Livre Brincar". Foi durante a elaboração do projeto para o edital que tive a ideia de fazer um diálogo de vivências brincantes entre nossas crianças da zona oeste com as crianças das comunidades tradicionais, no sentido de ampliar repertórios e de sair um pouco do contexto de sempre.

Entrevistador: E como foi o contexto para selecionar as brincadeiras apresentadas neste livro?

Barbara: Bem, ele foi muito interessante. A gente dividiu as brincadeiras em dois grupos. As brincadeiras escolhidas pelas crianças e as brincadeiras escolhidas pelos arte-educadores. As brincadeiras escolhidas pelas crianças, a gente fez um processo de votação mesmo, igual à eleição política, com direito a cédula e cabine de votação. Foi bem legal, porque inclusive foi na época da eleição municipal, em outubro de 2024, então a gente quis mesmo dar essa característica democrática, né? E foi bem interessante. A partir das mais votadas, houve um processo de seleção por diversos motivos (idade, variedade e interesse). Já os arte-educadores, que foram seis durante o ano, cada um deles escolheu sua brincadeira mais significativa, aquela que eles acharam que foi mais interessante para o desenvolvimento das crianças ou do grupo. E aí a gente trouxe também as brincadeiras que aconteceram nas comunidades tradicionais. Não foram muitas porque, de fato, a gente estava visitando as comunidades tradicionais em 2024 que são, em sua maioria, comunidades muito permeáveis. Elas estão enfrentando os mesmos desafios que todas as comunidades, ou seja, crianças e adolescentes com um interesse exacerbado pelas telas. Mas, aconteceu algo inesperado para mim, um resgate das próprias comunidades para poderem nos apresentar alguma brincadeira específica da comunidade. Na Caçandoca, por exemplo, a gente teve a brincadeira que a dona Rosa trouxe para nós, uma cantiga de brincadeira de roda muito bonita. Na Aldeia Boa Vista, a gente aprendeu uma brincadeira que foi um sucesso com as crianças, que era uma brincadeira Guarani. E, no Quilombo da Fazenda, a gente não conseguiu, no momento da visita das crianças, que a comunidade nos apresentasse alguma brincadeira, apesar de, claro, termos brincado no rio, na cachoeira, nos espaços onde eles brincam, né?

ENTREVISTA COM JUAN BLANCO PRADA, COORDENADOR EXECUTIVO DO GAIATO.

Entrevistador: Vou pedir que você se apresente e informe o trabalho que faz no Gaiato.

Juan: Meu nome é Juan Blanco Prada, sou coordenador executivo do Gaiato e também faço parte da diretoria da organização.

Entrevistador: Quais são os planos para dar continuidade ao "Projeto Sextas do Brincar"?

Juan: [...] Acho que a gente está vendo uma necessidade de incorporar essas questões das brincadeiras livres, das brincadeiras tradicionais, porque vêm cobrir uma situação que está se desenvolvendo com crianças e adolescentes em geral, que é o predomínio do entretenimento com telas de todo tipo, principalmente do celular. Existe, tanto na comunidade pedagógica quanto nos grupos em geral, esse desenvolvimento legal recente da proibição dos celulares nas escolas, mas se começa a ver muita gente falando que as crianças agora, que não podem usar o celular, ficam sem saber o que fazer, porque perderam o contato com essas formas de brincar que até na geração atual todo mundo cresceu fazendo. Então a ideia da continuidade do projeto, independentemente de que ele continue de forma estruturada ou não, é a ideia de que é preciso recuperar o conceito de simplesmente brincar por meio da interação física no espaço físico real e presencial das crianças. Isso vai ser uma continuidade do projeto.

Entrevistador: Qual é a expectativa do Gaiato com a publicação do livro?

Juan: A primeira coisa que a gente espera é dar um reconhecimento a esse trabalho, poder divulgá-lo de alguma forma. A gente tem um impacto muito limitado aqui em Ubatuba. O livro vai nos possibilitar expandir esse trabalho que a gente faz. Ele pode chegar a qualquer lugar teoricamente, qualquer lugar do Brasil, até fora... qualquer lugar de fala portuguesa, em que este livro possa ser usado. Então, esse é o primeiro fato.

A segunda coisa que a gente espera é ter uma divulgação, um reconhecimento da entidade, do Gaiato como um espaço de referência nessa forma de trabalhar com crianças e adolescentes em situação de vulnerabilidade social, dando protagonismo e autonomia. E acho que isso reproduz a ideia do brincar, né? As crianças sempre saíram para brincar na rua, no quintal, sozinhas e de forma autônoma. Até gerações mais recentes, as crianças cresceram brincando sem supervisão de adultos e nunca precisaram... sempre desenvolveram suas brincadeiras com suas regras. Acredito que, a partir desse trabalho, e com o livro, podemos reforçar e regenerar um pouco essa ideia de uma infância menos vinculada tanto a estruturas muito fechadas, e tudo em caixinhas, e tudo em horários predeterminados, e tudo com resultados predeterminados, porque isso é o que acontece quando você joga um *video game*, os resultados já foram todos predefinidos. Então, quando você dá essa abertura e essa autonomia de brincar, é uma coisa que este livro vai ajudar a reforçar: a importância desse trabalho pedagógico, não só do Gaiato, mas em qualquer lugar que as pessoas tiverem acesso ao livro.

REFERÊNCIAS

ALMANAQUE Quilombo da Fazenda. *Quilombo da Fazenda*, [*on-line*], [s. d.]. Disponível em: https://www.quilombodafazenda.com/almanaque. Acesso em: 20 abr. 2025.

BRASIL. Presidência da República. Casa Civil. Subchefia para Assuntos Jurídicos. Lei n. 8.069, de 13 de julho de 1990. Dispõe sobre o Estatuto da Criança e do Adolescente e dá outras providências. *Diário Oficial [da] República Federativa do Brasil*, Brasília, DF, 16 jul. 1990. Disponível em: http://www.planalto.gov.br/ccivil_03/LEIS/L8069.htm#art266. Acesso em: 16 maio 2025.

ESTRELA DA COSTA, Ana Carolina. *Comunidade Quilombola de Caçandoca*. Belo Horizonte: FAFICH, 2016. 16 p. (Coleção Terras de Quilombos). Disponível em: https://www.gov.br/incra/pt-br/assuntos/governanca-fundiaria/cacandoca.pdf. Acesso em: 20 abr. 2025.

FERNANDES, Florestan. As "trocinhas" do Bom Retiro. *Pro-Posições*, Campinas, v. 15, n. 1, p. 229-250, 2016. Disponível em: https://periodicos.sbu.unicamp.br/ojs/index.php/proposic/article/view/8643855. Acesso em: 18 jul. 2025.

POPULAÇÕES Tradicionais. *Instituto Chico Mendes de Conservação da Biodiversidade*, [*on-line*], [s. d.]. Disponível em: https://www.gov.br/icmbio/pt-br/assuntos/populacoes-tradicionais. Acesso em: 16 maio 2025.

Barbara Buck é pedagoga, pós-graduada em Serviço Social e Políticas Públicas, dançarina de flamenco e mãe de Galeano, que tinha cinco ou seis anos enquanto este projeto/livro foi gestado. Sua trajetória na educação sempre passou por espaços não formais em contraturnos escolares, e foram estas experiências que marcaram sua maneira de entender a relação entre o brincar e o aprender a ser. Como profissional do Gaiato, integrou de forma compromissada o Conselho Municipal dos Direitos das Crianças e dos Adolescentes, onde teve a oportunidade de conhecer mais sobre o Sistema de Garantia de Direitos, sua importância e desafios.

E-mail: csk.ubatuba@gmail.com

Issaka Maïnassara Bano é doutorando em Sociologia pelo Instituto de Filosofia e Ciências Humanas da Universidade Estadual de Campinas (Unicamp), mestre em Educação pela Faculdade de Educação da Unicamp e bacharel em Relações Internacionais pelo Centro Universitário Belas Artes de São Paulo. É membro do Núcleo de Estudos Carolina Maria de Jesus (Bitita) – Unicamp – e pesquisador do Centro de Estudos Rurais e Urbanos da Universidade de São Paulo (USP). Tem experiência na área de imigração, sociologia, educação e literaturas africanas.

E-mail: issaka.bans@gmail.com

Betão VidaCrew é cofundador do grupo de Grafite "Vida Crew", natural de Caçapava (SP), grafiteiro, artista plástico, arte-educador, produtor cultural e articulador social. Há 28 anos, Betão VidaCrew dedica-se à arte urbana e às artes plásticas, sendo 23 deles atuando intensamente como arte-educador. Ao longo de sua trajetória, participou de festivais de grafite e arte urbana pelo Brasil e pela América Latina, como o Zig Zag Festival em La Plata (Argentina); de edições do Projeto Voa Livro (Caçapava-SP), com intervenções e exposições em praças públicas; criou uma linha exclusiva de tênis customizados para a Phyton Shop; realizou o projeto cultural OUN NI – Seja! em Ubatuba; e é idealizador e produtor do Novembro Preto Ubatuba, que ocorre anualmente. Essas são apenas algumas das experiências que reafirmam seu compromisso com a arte, a cultura e a diversidade. Inquieto, inventivo e sempre em transformação, Betão afirma: sua missão é grafitar e colorir enquanto houver muros e tintas.